Sportinternat Löwenstein

Ulli Schubert

wurde 1958 in Hamburg geboren. Nach der Schule und unterschiedlichen Jobs arbeitete er als Erzieher. Nebenbei schrieb er Kritiken zu Kinder- und Jugendbüchern und entdeckte dabei den Spaß an der Schriftstellerei. Er war als Sportreporter für Zeitungen und den Rundfunk tätig und schreibt seit 1992 Kinder- und Jugendbücher.

Weitere Bücher von Ulli Schubert im Arena Verlag:
Alles über Fußball
Sportinternat Löwenstein – Bestzeit für Natascha
Ein Fall für die Reporterkids: Der Kaufhausdieb
Ein Fall für die Reporterkids: Der rätselhafte Unfall
Ein Fall für die Reporterkids: Die Schulhof-Erpresser
Ein Fall für die Reporterkids: Feuer in der Schule
Hooligan (zusammen mit Felix Hoffmann)
Pokalfieber
SuperQuiz für Fußballfans

Ulli Schubert

Mach dein Spiel, Ronny!

Mit Bildern von
Betina Gotzen-Beek

Arena

In neuer Rechtschreibung

1. Auflage 2000

Einband und Innenillustrationen: Betina Gotzen-Beek
Gesamtherstellung: Westermann Druck Zwickau GmbH
ISBN 3-401-05012-5

Eins

Nun komm schon, gib ab! Ich steh doch frei!
Ronny breitete die Arme aus, um Toto auf sich aufmerksam zu machen. Doch der Linksaußen dachte gar nicht daran, den Ball abzuspielen, sondern versuchte es auf eigene Faust. Dass sich gleich zwei Gegenspieler auf ihn stürzten, störte ihn nicht. Er täuschte links an, zog rechts vorbei, stoppte, trat auf den Ball, drehte sich um die eigene Achse, kickte ihn mit der Hacke zwischen den verblüfften Gegnern hindurch und spurtete um sie herum. Erst der dritte Verteidiger stoppte Toto auf dem Weg zum Tor. Im letzten Moment brachte der Linksaußen den Ball unter Kontrolle und orientierte sich wieder rückwärts.
Toll, Toto!, dachte Ronny genervt und ließ die Arme sinken. Klasse rumgezaubert, zwei Verteidiger vernascht – und was hat es gebracht? Nix. Außer, dass die gegnerische Abwehr genügend Zeit hatte sich neu zu formieren. Super gemacht, Toto, echt stark. Ronny schüttelte frustriert den Kopf.
Endlich sah der Linksaußen ein, dass er keine Chance mehr hatte sich durchzuwühlen. Er blickte kurz auf, entdeckte Ronny und spielte in die Mitte. Doch was war

das für ein Pass?! Halbhoch, ungenau und auch noch viel zu scharf getreten!
Ronny sprang stumm fluchend dem Ball einen Schritt entgegen. Er lehnte den Oberkörper zurück und presste die angewinkelten Arme an den Körper. Der Ball prallte auf die gespannte Brust und tropfte genau vor seine Füße. Mit einer einfachen Körpertäuschung ließ er den heranstürmenden Gegner ins Leere laufen, warf den Kopf hoch und suchte die Lücke.
Da war sie! Ronny nahm Maß und zirkelte den Ball in Richtung Strafraumeck, ins scheinbare Niemandsland. Doch im selben Moment spurtete der Rechtsaußen genau dorthin! Geschickt nahm er den Ball mit dem Außenrist mit. Der gegnerische Torwart stürzte todesmutig aus seinem Kasten, um den Einschusswinkel zu verkürzen. Der Rechtsaußen stoppte, tippte den Ball nach rechts und flankte gefühlvoll über den Keeper hinweg, quer durch den Strafraum, genau an die hintere Torraumlinie.
Toto stand goldrichtig. Er hatte alle Zeit der Welt. Er hätte stoppen und sich die Ecke aussuchen können. Stattdessen versuchte er ein Zaubertor. Er nahm den Ball volley aus der Luft – und jagte ihn weit über das leere Gehäuse ins Aus.
So ein Idiot! Ronny raufte sich die Haare. Er stieß einen enttäuschten Schrei aus, fuhr herum und sah verzweifelt zu Herrn Beckmann, dem Trainer.
Doch der hatte die Szene überhaupt nicht mitbekommen. Er stand neben der Bank hinter der Seitenauslinie

und sprach mit einem anderen Mann, der den Kragen seines Trenchcoats hochgeschlagen hatte und eine Art Notizbuch in den Händen hielt. Irgendwie kam der Typ Ronny bekannt vor. Ihm war so, als hätte er ihn schon ein- oder zweimal während der letzten Spiele auf dem Sportplatz gesehen. Aber wer war das? Was wollte er? Wieso redete er mit Herrn Beckmann? Und worüber?

Es musste ein spannendes Thema sein, wenn Herr Beckmann sich vom Spiel ablenken ließ und sogar die dicke Torchance seiner Mannschaft verpasste. So etwas passierte sonst nie!

Erst durch das Raunen der wenigen Zuschauer und Ronnys Schrei war der Trainer aufmerksam geworden. Er beugte sich zur Auswechselbank hinunter und ließ sich von einem der Ergänzungsspieler berichten, was geschehen war.

Der Trainer lachte kurz, schüttelte seinen Kopf und sagte etwas zu dem fremden Mann, wobei er auf die linke Seite zu Toto deutete. Der Mann im Trenchcoat schien sich ebenfalls zu amüsieren, bevor er wieder auf Herrn Beckmann einredete.

Ronny hatte genug Zeit die beiden Männer zu beobachten. Erst jetzt kam der gegnerische Spieler mit dem Ball zurück, der nicht nur über das Tor geflogen war, sondern auch noch über den Maschenzaun, der den Sportplatz eingrenzte.

Der Trainer spürte Ronnys Blicke. Er schob den Ärmel seines Jacketts zurück, blickte auf die Uhr und zeigte Ronny zwei ausgestreckte Finger.

Der Spielmacher verstand: Zwei Minuten also noch.
Das Spiel war so gut wie gelaufen, seine Mannschaft führte mit 3 : 1. Trotzdem – Ronny ärgerte sich, dass Toto die Chance, die Führung weiter auszubauen, so leichtfertig vergeben hatte. Das Spiel war erst zu Ende, wenn der Schiedsrichter abgepfiffen hatte. Bis dahin musste jeder alles geben!
Ronny organisierte die Abwehr. Er rief die Mittelfeldspieler zurück in die eigene Hälfte und forderte seine Mitspieler auf sich noch einmal zu konzentrieren. Aber das war überhaupt nicht nötig, denn es passierte nichts Ungewöhnliches mehr – zumindest nicht während des Spiels. Der Schiedsrichter pfiff auf die Sekunde genau

ab, Ronnys Mannschaft gewann sicher und hochverdient mit 3 : 1.
Doch als Ronny eine halbe Stunde später frisch geduscht die Umkleidekabine verließ, tauchte plötzlich wie aus dem Nichts ein Schatten auf und versperrte ihm den Weg. Abrupt blieb Ronny stehen. Er musste in die grelle Nachmittagssonne blinzeln. Trotzdem erkannte er sofort, wer sich vor ihm aufgebaut hatte: Es war der Mann im Trenchcoat!

Ronny sagte nichts. Er hakte den Daumen der linken Hand in die Tasche seiner Jeans, warf lässig die Sporttasche über die Schulter und schob den Kaugummi von einer auf die andere Seite. Wie der gefürchtete Revolverheld in einem Westernfilm, der in die fremde Stadt reitet und vor dem Saloon von zwielichtigen, schussbereiten Gestalten empfangen wird, blickte er den Mann abwartend an.

Der Mann lächelte. »Guten Tag«, sagte er freundlich. Vielleicht hatte er den Film auch gesehen; zumindest öffnete er seinen leichten Mantel, schob ihn auseinander und sagte grinsend: »Ich bin unbewaffnet.«

Ronny blieb cool. Seine Mundwinkel zuckten zwar kurz, aber er verkniff sich ein Lachen. »Dann ist es ja gut«, murmelte er und schlängelte sich an dem Mann vorbei.

»Du bist doch Ronald, nicht wahr? Ronald Kramer?«, fragte der Mann.

Ronny drehte sich überrascht um. Woher kannte der Typ seinen Namen?! Doch dann dachte er daran, dass der Mann sich ja während des Spiels lange mit dem Trainer unterhalten hatte. Worüber, das wusste Ronny immer noch nicht. Herr Beckmann hatte sich in der Kabine genauso verhalten wie immer und kein Wort darüber verloren. Obwohl – jetzt, wo Ronny darüber nachdachte, kam es ihm so vor, als hätte der Trainer ihn ein paar Mal merkwürdig angesehen. Was hatte das zu bedeuten? Hatten die beiden etwa über ihn geredet?

»Mein Name ist Hanssen«, stellte der Mann sich vor

und hielt schützend eine Hand vor die Augen. Jetzt schien ihm die Sonne direkt ins Gesicht.
»Aha«, sagte Ronny abwartend.
»Ich würde mich gern einen Augenblick mit dir unterhalten«, erklärte der Mann.
»Aha«, wiederholte Ronny. »Und worüber?«
»Das erzähle ich gleich. Aber nicht hier.« Der Mann deutete gen Himmel. »Die Sonne brennt mir sonst noch die letzten Zellen aus dem Hirn. Komm, wir gehen ins Vereinslokal, ich lade dich zu einer Cola ein. Ich verspreche, dass es dir gefallen wird, was ich zu sagen habe.«
»Ich mag keine Cola«, murmelte Ronny abweisend.
»Keine Angst, ich will dich nicht entführen oder so«, lachte Herr Hanssen. »Du brauchst dir keine Sorgen zu machen. Dein Trainer weiß übrigens Bescheid.«
Also doch!, dachte Ronny. Neugierig geworden, folgte er dem fremden Mann zu dem flachen Pavillon direkt neben dem Eingang des Sportplatzes, in dem die Vereinsgaststätte untergebracht war.
Die beiden fanden einen freien Tisch in der hintersten Ecke. Der Tresen war dicht bevölkert, genau wie die meisten Tische, auf denen sich leere Bierflaschen beinahe stapelten und die Aschenbecher überquollen. Am Vormittag hatte die Ligamannschaft ein wichtiges Spiel im Kampf gegen den drohenden Abstieg gewonnen. Die Spieler und ihre Fans feierten den Sieg noch immer.
»Flaschen«, schimpfte Ronny und warf einen verächtli-

chen Blick auf die leicht angetrunkenen, fröhlichen Spieler.

»Was stört dich daran?«, fragte Herr Hanssen. »Sie haben gewonnen – lass sie doch feiern!«

Ronny zuckte mit den Schultern. »Ich weiß nicht«, meinte er. »Ich finde, das ist zu früh. Die haben die ganze Saison gespielt wie die letzten Menschen. Und der Klassenerhalt ist auch noch nicht sicher. Die können immer noch absteigen. Da gibt es doch nichts zu feiern!«

»Alles zu seiner Zeit, was?«, stellte der Mann fest und zog aus der Tasche seines Trenchcoats, den er inzwischen ausgezogen und über den freien Stuhl neben sich gehängt hatte, das kleine, dicke, schwarze Notizbuch, mit dem Ronny ihn am Spielfeldrand gesehen hatte. »Hast du deswegen vorhin so verärgert reagiert?«

Ronny sah ihn verständnislos an.

»Während des Spiels, meine ich«, erklärte Herr Hanssen, »als der Linksaußen die Chance versiebt hat. Es war kurz vor Schluss, ihr habt 3 : 1 geführt, es konnte nichts mehr anbrennen – aber du hast dich trotzdem aufgeregt.«

Die Kellnerin kam. Ronny bestellte einen Orangensaft und dachte über die Antwort nach.

Sicher, schon bevor Toto die riesige Chance zum 4 : 1 leichtfertig vergeben hatte, war die Begegnung eigentlich entschieden gewesen. Doch wie schnell ein Spiel kippen kann, hatte Ronny im Frühjahr erlebt, beim Endspiel der Champions League. Ungläubig hatte er am Fernseher mit angesehen, wie Bayern München bis kurz vor Schluss mit 1 : 0 führte. Die offizielle Spielzeit war bereits überschritten, die Nachspielzeit lief, als Manchester United tatsächlich noch den Ausgleich erzielte. Und während die bis dahin siegessicheren Bayern schon an eine Verlängerung dachten, fiel sogar noch das 2 : 1 für ManU! Kurz darauf hatte der Schiedsrichter abgepfiffen. Die Bayern lagen auf dem Rasen und heulten bittere Tränen der Enttäuschung. Ronny hatte fassungslos in die flimmernde Kiste gestarrt und sich fest vorgenommen den Ausgang dieses Spieles nie zu vergessen.

Ob der Mann das verstand? Ronny sah ihn an und sagte einsilbig: »Bayern München gegen ManU.«

»Das Champions-League-Endspiel 1999«, antwortete Herr Hanssen wie aus der Pistole geschossen und nickte ein paar Mal wie zur Bestätigung. Er sah Ronny prüfend an, blätterte dann in seinem Notizbuch, bis er die richtige Seite gefunden hatte, und schrieb etwas hinein.

Neugierig schielte Ronny über den Tisch, doch er konnte die eilig hingekritzelten Worte nicht entziffern.

»In diesem Buch stehen die Namen von jungen Fußballspielern«, sagte Herr Hanssen, ohne aufzublicken. »Deiner ist auch dabei.«

Ronny fühlte sich ertappt. Er spürte, wie er rot wurde, und senkte den Blick. Doch plötzlich begriff er, was der Mann eben gesagt hatte. »Wieso steht mein Name in Ihrem Notizbuch?«, fragte er überrascht. »Wer sind Sie überhaupt?«

»Ich . . .«, setzte der Mann zu einer Antwort an, doch er wurde von der Kellnerin unterbrochen, die sichtlich gestresst die Getränke brachte. Er reichte Ronny den Orangensaft, nippte an seinem Bier, stellte das Glas zur Seite und nahm den Faden wieder auf. »Ich bin der Landesbeauftragte für Sportförderung.«

»Ach so«, sagte Ronny und verstand kein Wort.

Der Mann lachte. »So etwas wie ein Talentsucher«, erklärte er. »Allerdings nicht für einen Bundesligaverein, sondern als Angestellter im öffentlichen Dienst, im Auftrag des Innenministeriums . . .« Mitten im Satz stoppte er. Offensichtlich hatte er gemerkt, dass so eine Erklärung für einen Zwölfjährigen viel zu korrekt war.

Tatsächlich hatte Ronny nur das Wort »Talentsucher« verstanden. Aber das genügte vollkommen. Er setzte sich kerzengerade hin und nahm sogar verstohlen den Kaugummi aus dem Mund. Heimlich pappte er die klebrige Masse unter die Tischplatte.

»Weißt du, was ein Sportinternat ist?«, setzte der Mann neu an.

Natürlich wusste Ronny das. Zumindest von den Fußballschulen der berühmten Vereine hatte er schon gehört. Bayern München hatte so ein Fußballinternat, Borussia Dortmund, Ajax Amsterdam und all die großen Vereine. Nur die größten Talente bekamen die Chance in so einer Elite-Sportschule aufgenommen und gefördert zu werden.

Aber – was hatte das mit Ronny zu tun? Wollte der fremde Mann auf der anderen Seite des Tisches etwa andeuten . . .?! Ronnys Gedanken schlugen Purzelbäume. Plötzlich sah er sich selbst im Trikot von Schalke 04. Oder von Werder Bremen, von Hansa Rostock, dem 1. FC Kaiserslautern oder irgendeinem anderen Bundesligaklub.

»Ich sehe, du weißt, wovon ich rede«, sagte Herr Hanssen und holte Ronny aus dem Reich der Träume in die Realität zurück. »Aber wie gesagt, ich bin nicht für einen Bundesligaverein tätig. Was allerdings nicht heißt, dass du kein Fußballprofi werden kannst. Ganz im Gegenteil.« Er lächelte verschmitzt und nannte die Namen von ein paar Spielern, die er als Jugendliche entdeckt hatte und die heute berühmt waren.

Ronny war endgültig verwirrt. Worauf wollte der Mann hinaus?

»Neben den privaten Sportschulen gibt es auch staatliche Sportinternate«, setzte Herr Hanssen zu einer neuen Erklärung an. »Meine Aufgabe ist es, Woche für Woche die Fußballplätze abzuklappern und nach viel versprechenden Talenten Ausschau zu halten, um sie diesen Sportinternaten zu empfehlen. Wir suchen Sportler, die es zu etwas bringen können. Jugendliche, die etwas aus ihrem Talent machen wollen, die echte Sportler sind. So wie du! Mit der richtigen Einstellung und Mumm in den Knochen. Kämpfertypen, die niemals aufgeben . . .«

Wow, dachte Ronny, während der Mann sich mehr und mehr ereiferte – ich werde Fußballprofi!

Zwei

»Los Kinder, macht schon!« Frau Runge klatschte aufmunternd in die Hände. »In einer halben Stunde kommen unsere Gäste und hier sieht es aus wie in einem Schweinestall.«

»Dann kriegen sie wenigstens gleich den richtigen Eindruck.« Ungerührt starrte Sebastian weiter in den Comic, während die anderen eilig den kargen Aufenthaltsraum verließen.

»Sebastian, bitte«, sagte Frau Runge nachdrücklich.

»Okay.« Der Junge legte den Comic beiseite und erhob sich. »Was soll ich machen?«, fragte er gelangweilt.

»Aufräumen«, schlug Frau Runge vor. »Wie sieht zum Beispiel dein Zimmer aus?«

»Das ist in Ordnung«, sagte Sebastian.

»Gut, dann kannst du das hier unten im Eingang aufhängen.« Frau Runge faltete ein altes Bettlaken auseinander, das mit Plakafarben beschriftet worden war. *Tag der ofenen Tür* stand oben zu lesen, in großen, bunten Buchstaben. Und darunter, nicht ganz so groß, aber ebenso bunt: *Herzlich willkommen.*

Sebastian hielt das Laken hoch. »Das wimmelt ja vor

Rechtschreibfehlern. So etwas Peinliches hänge ich nicht auf.«

Frau Runge betrachtete eingehend den Text, den eine der Schülerinnen in aller Schnelle auf das ausgemusterte Bettlaken geschrieben hatte. Den fehlenden Buchstaben hatte sie bis dahin überhaupt nicht bemerkt.

Sebastian legte das Laken zusammen und wollte sich wieder in seinen Comic vertiefen. Doch so leicht ließ Frau Runge sich nicht austricksen.

»Sei bloß nicht so pingelig!«, entgegnete sie. »Ein einziger, kleiner Fehler, das ist ja wohl nicht so schlimm. Aber wenn du es ändern willst – auf meinem Schreibtisch liegt ein schwarzer Filzstift, den kannst du gern benutzen.«

Noch mehr Arbeit? Sebastian schüttelte den Kopf. »Ist doch halb so wild. Der Fehler fällt bestimmt sowieso keinem auf«, meinte er plötzlich und nahm ergeben das Spruchband.

»Na siehste, geht doch.« Frau Runge zwinkerte Sebastian zu und wollte den Aufenthaltsraum wieder verlassen, als ein kleiner, gedrungener Junge durch die offene Tür stürmte. Um ein Haar hätte er Frau Runge umgerannt.

»'tschuldigung«, sagte er sofort. Er lächelte freundlich und störte sich überhaupt nicht daran, dass dabei einige dunkle Lücken in seinen Zahnreihen sichtbar wurden.

»Tom!«, rief Frau Runge erschrocken. »Mensch, Junge, wie oft hab ich dir schon gesagt, dass du auf dem Flur nicht rennen sollst?!«

»Mindestens fünfzigmal!«, antwortete Tom mit einem treuherzigen Dackelblick. »Aber ich glaub, ich hab das immer noch nicht verstanden.«
Sebastian kicherte und auch Frau Runge konnte sich ein Grinsen nicht verkneifen.
»Vielleicht merkst du es dir ja diesmal«, konterte sie und drückte dem Jungen eine Rolle Bindfaden und eine Schere in die Hand. »Bevor du noch mehr Blödsinn anstellst, kannst du Sebastian helfen.« Energisch scheuchte sie beide Jungs zur Tür hinaus, ließ sich leise seufzend in den Sessel fallen und griff nach Sebastians Comic.
Annemarie Runge hatte erst vor sechs Wochen die Leitung des Sportinternats übertragen bekommen. Obwohl sie mit ihren 31 Jahren noch ziemlich jung war, hatte sie sich gegen viele Mitbewerberinnen um die verantwortungsvolle Stelle durchgesetzt. Sie war sportlich, intelligent, hatte eine Menge neuer Ideen und brachte zudem viel Schwung und Engagement mit. Doch die Arbeit war problematischer und anstrengender, als sie sich vorgestellt hatte.
Frau Grimm, ihre Vorgängerin, hatte das Internat vierzehn Jahre lang mit strenger Hand geführt. Disziplinlosigkeit hatte die alte Leiterin nicht geduldet. Wer nicht mitzog und nicht jede Sekunde an sich arbeitete oder sich erlaubte, Gedanken an andere Dinge zu verschwenden als an den Sport, wurde hart bestraft. Die Jugendlichen hatten Frau Grimm gehasst und gefürchtet zugleich. Auch das Jugendamt, das für das Internat zuständig war, hatte Probleme mit der Leiterin gehabt.

Doch Frau Grimms gnadenlose Erziehungsmethoden hatten Erfolg: Das Sportinternat gehörte zu den besten im Land und brachte viele Spitzensportler hervor. Also schwiegen die Behörden und die Jugendlichen lernten zu kuschen. Schließlich waren aber doch alle erleichtert gewesen, als Frau Grimm in den Ruhestand ging und Frau Runge kam.

Von dem Tag an hatte sich das Leben im Internat grundlegend geändert. Die jugendlichen Bewohner hatten schnell spitzgekriegt, dass die Neue mit ganz anderen Methoden arbeitete: Miteinander reden statt zu strafen, eigenverantwortlich denken und handeln statt diszipliniert zu gehorchen – so hatte Frau Runge sich das Zusammenleben mit den sportbegeisterten Jugendlichen vorgestellt.

Auch sie hatte mit ihrer Methode Erfolg. Allerdings anders als gewünscht: Nach nur einer Woche herrschte im Sportinternat das Chaos! Die Zimmer verdreckten, bis

spät in die Nacht dröhnte aus mindestens fünf CD-Playern die unterschiedlichste Musik über die Flure. Morgens schliefen die Bewohner lieber aus und schwänzten den Unterricht, nachmittags und abends hingen sie vor dem Fernseher oder trieben sich in der Stadt herum und stopften sich die Bäuche bei McDonald's voll anstatt zum Training zu gehen.
Die Beschwerden der Trainer, Lehrer und auch der Eltern, die ihre Kinder kaum noch wieder erkannten, häuften sich. Zunächst hatte Frau Runge ihre Schützlinge verteidigt. Sie verstand, dass sie sich erst einmal aus-

toben wollten, nachdem sie jahrelang fast wie in einem Gefängnis gelebt hatten.
Doch schließlich musste die Leiterin zugeben, dass sie und ihre Mitarbeiter die Jugendlichen nicht mehr im Griff hatten. Alles Reden brachte nichts, selbst das Androhen von Strafe blieb erfolglos: Die Jugendlichen waren wie eine Herde wild gewordener Affen und machten, was sie wollten.
Erst als es die ersten Niederlagen gab, wurden die siegesgewohnten Sportler nachdenklich. Eine Vollversammlung wurde einberufen, deren Sinn Frau Runge erst erklären musste, weil die Meinung der Jugendlichen unter der Herrschaft von Frau Grimm niemanden interessiert hatte. Am Anfang redete nur Frau Runge. Doch bald verflog die Unsicherheit der Bewohner. Schließlich trauten sich sogar einige Kritik zu üben und Wünsche zu äußern, wie das Leben im Internat verbessert werden könnte.
Am Ende der Versammlung erklärten sich die Jugendlichen bereit wieder zum Training und in die Schule zu gehen. Im Gegenzug kündigte Frau Runge an sich in den Sommerferien ein neues Konzept zu überlegen, in dem die Wünsche und Bedürfnisse, aber auch die Pflichten aller berücksichtigt werden sollten.
Am nächsten Tag hängte sie »Wunsch- und Meckerkästen« auf, in die in den folgenden Tagen viele eng beschriebene Zettel gesteckt wurden. Das Leben im Internat normalisierte sich wieder. Aber anstrengend blieb die Arbeit trotzdem.

»Ach, hier sind Sie!«, wurde Frau Runge von einer Stimme aus den Gedanken gerissen. Sie schnupperte. Der Duft frisch gekochten Kaffees stieg ihr in die Nase und zauberte ein Lächeln auf ihr Gesicht. Wunderbar. Das war genau, was sie jetzt brauchte, um für den Tag fit zu werden.

»Ich hab Sie schon gesucht«, sagte Frau Dombrowski, die dienstälteste Erzieherin im Internat. »Kommen Sie, ich habe Kaffee gekocht.«

»Man riecht's!«, schwärmte Frau Runge. Sie legte den Comic zurück auf den Tisch und ging zu der kleinen Küche, in der auch die Mitarbeiterbesprechungen stattfanden. Vor ihrem Platz in der Ecke gleich neben dem Fenster stand schon ein Becher mit dampfendem Kaffee bereit. Frau Runge setzte sich und trank vorsichtig ein paar Schlucke. »Oh ja, das tut gut«, seufzte sie zufrieden.

»Jaja«, strahlte die Kollegin, »auch wenn die ganze Welt zusammenbricht – für eine gute Tasse Kaffee ist immer Zeit, nicht wahr?«

»Na, ich weiß nicht«, zweifelte Frau Runge. Die Momente, in denen sie sich einfach mal entspannen konnte, waren selten im Internatsalltag. Alle Augenblicke passierte etwas.

Wie zur Bestätigung polterte, klirrte und schepperte es plötzlich. Einen Augenblick später dröhnte ein derber Fluch über den Flur in die Küche.

Die beiden Mitarbeiterinnen sahen sich an.

»Markus?!«, vermutete Frau Runge.

Frau Dombrowski nickte. »Klar, wer sonst.«
Die Leiterin erhob sich. »Lassen Sie nur, ich geh schon. Sind Sie so lieb und stellen mir den Kaffee warm?« Ohne eine Antwort abzuwarten, verließ sie die Küche und eilte über den langen Flur.
Die Zimmertüren auf beiden Seiten des langen Ganges wurden aufgerissen, neugierig steckten die Jungs ihre Köpfe heraus. Mit kurzen, geübten Blicken registrierte Frau Runge, dass die meisten Zimmer keineswegs aufgeräumt waren. Darum kümmere ich mich später, nahm sie sich vor – als sie einzelne, dicke Blutstropfen entdeckte, die vom Duschraum bis zu Markus' Zimmer führten.
»Markus!«, schrie Frau Runge auf und rannte die letzten Meter in rekordverdächtiger Zeit über den Flur.
Der Junge lag auf seinem Bett. Er war kreidebleich, hatte die linke Hand zur Faust geballt und schimpfte wild fluchend vor sich hin. Der rechte Arm hing wie leblos herunter. Aus einer Wunde in der Hand tropfte ununterbrochen das Blut.
»Markus! Was ist passiert?!«
»Natascha, im Waschraum«, stöhnte der Junge. »Die blöde Schnepfe! Dumme Pute! Dämliche Kuh!«
»Ganz ruhig, Markus.« Frau Runge eilte zum Wäscheschrank und suchte den Erste-Hilfe-Kasten, den sie schließlich zwischen den Socken fand.
Sie nahm mehrere Packen mit Verbandszeug heraus, setzte sich zu Markus auf das Bett, nahm vorsichtig seinen Arm hoch, säuberte die Wunde, so gut es ging, und

wickelte einen provisorischen Verband um seine Hand.
»Wir haben sie!«, schrie plötzlich eine triumphierende Stimme.
Frau Runge fuhr herum. Sieben, acht Jungs drängelten sich durch die Türöffnung. Sie hielten ein Mädchen fest, das wild um sich schlug.
»Rico! Malte! Lasst sofort Natascha los!«
Die Jungs befolgten den Befehl. Doch sie stellten sich dicht an dicht nebeneinander in die Tür, um dem Mädchen keine Chance zur Flucht zu geben.
»Rico, du läufst zu Frau Dombrowski. Sag ihr, dass Markus verletzt ist und die Wunde wahrscheinlich genäht werden muss. Sie soll sofort einen Krankenwagen rufen. – Und ihr anderen geht auf eure Zimmer und räumt auf! In zehn Minuten ist alles blitzblank. Verstanden?«
Murrend und nur zögernd zogen sich die Jungs zurück, während Rico loswetzte, als ginge es um die Junioren-Europameisterschaft.
»Ihr sollt auf eure Zimmer verschwinden, hab ich gesagt«, wiederholte Frau Runge. »Natascha, du bleibst hier! – Und ihr macht die Tür zu!«, rief sie den Jungs hinterher.
Die Tür wurde angelehnt. Dahinter hörte sie die Jungs tuscheln. Doch die Internatsleiterin hatte keine Zeit sich darum zu kümmern. Markus stöhnte vor Schmerzen. Auf seiner Stirn bildeten sich kleine Schweißperlen. Frau Runge strich ihm vorsichtig über die Haare.

»Ganz ruhig, Junge«, sagte sie sanft.
»Es tut mir Leid«, flüsterte Natascha. »Das wollte ich nicht.«
Frau Runge deutete mit dem Kopf auf den Schreibtischstuhl. »Setz dich!«, forderte sie das Mädchen auf. »Und dann erzählt ihr mir, was passiert ist.«

»Ich war im Duschraum«, berichtete Markus mit stockender Stimme. Er biss sich auf die Lippen, kniff die Augen zusammen und wartete, bis der aufkommende, heftige Schmerz in seiner Hand wieder etwas nachließ. »Ich wollte mir gerade die Zäh-

ne putzen, als . . . na ja, plötzlich tauchte Natascha auf und . . .«

Der Junge wand sich. Es war ihm deutlich anzusehen, dass er außer mit den Schmerzen auch mit seiner Verlegenheit kämpfte. »Ich hab mich halt erschrocken und bin irgendwie weggerutscht. Ich wollte mich noch am Waschbecken festhalten. Dabei hab ich das Glas umgeworfen. Es ist runtergefallen – klirr! – und ich fass voll in eine Scherbe . . . na ja, so ist das eben passiert.«

»Was machst du denn mit einem Glas im Waschraum?«, fragte Frau Runge verwundert.

»Ich hab meinen Zahnputzbecher nicht gefunden, da habe ich ein normales Glas genommen«, erklärte Markus kleinlaut.

»Junge, Junge, du machst vielleicht Sachen . . .«, seufzte Frau Runge. »Und weswegen hast du dich erschreckt? Nur, weil du Natascha gesehen hast? Das verstehe ich nicht.«

»Ja, also . . .«, stotterte Markus mit knallrotem Kopf. Er gab sich einen Ruck: »Natascha war . . . sie hatte . . . – sie kam aus der Dusche!«

»Was?!« Frau Runge fuhr herum. Erst jetzt fiel ihr auf, dass das Mädchen feuchte Haare hatte.

»Ich bin sofort wieder in der Duschkabine verschwunden, als ich Markus entdeckt hab«, verteidigte sich Natascha. Doch kleinlaut fügte sie hinzu: »Da war es allerdings schon zu spät.«

»Wieso duschst du bei den Jungs? Was hast du überhaupt hier unten zu suchen?«, fragte die Internatsleiterin.

»Bei uns waren alle Duschen besetzt«, sagte Natascha leise. Es tat ihr offensichtlich wirklich Leid, dass Markus sich verletzt hatte.

Frau Runge musste sich zusammenreißen, um nicht laut über die Situation zu lachen. Sicher, im Internat galten strenge Regeln. Eine der wichtigsten war die räumliche Trennung zwischen Jungs und Mädchen. Die Jungs, die

in die siebte und achte Klasse gingen, hatten ihre Zimmer im dritten Stock, während die der Mädchen eine Etage höher lagen. Sie durften sich zwar gegenseitig besuchen, doch spätestens ab 21:00 Uhr musste sich jeder auf seiner Etage aufhalten. Andererseits trainierten in vielen Sportarten Jungs und Mädchen gemeinsam und duschten hinterher auch zusammen. Bei auswärtigen Wettkämpfen übernachteten sie manchmal sogar im selben Raum.

Offensichtlich fanden die meisten Sportler nichts dabei, wie auch die Zettel zeigten, die zu dem Thema im Wunschbriefkasten gelegen hatten. Einer stammte aus Nataschas Feder.

Die Internatsleiterin betrachtete das Mädchen unauffällig. Natascha war fast dreizehn Jahre alt. Sie hatte lange, gerade Beine, einen durchtrainierten, sportlichen Körper mit nicht zu übersehenden weiblichen Rundungen, ein hübsches Gesicht und kurze Stoppelhaare, deren Farbe fast jede Woche wechselte. Im Moment waren sie moosgrün. Natascha schien zu wissen, wie sie auf Jungs wirkte, obwohl sie sich selbst anscheinend noch nicht sehr viel aus ihnen machte. Der sportliche Erfolg in der Leichtathletik war ihr bisher immer wichtiger gewesen.

Frau Runge war überzeugt, dass Natascha den Jungen nicht absichtlich verlegen gemacht hatte. Markus war ein großes Kind, trotz seiner vierzehn Jahre. Er war ein guter Boxer, ein durchschnittlicher Schüler – und ein unheimlicher Pechvogel! Wenn etwas Ungewöhnliches passierte, war Markus meistens darin verwickelt. Zuletzt war er vor einem halben Jahr im Krankenhaus gewesen. Er hatte versucht mit einem Flummi eine Fliege an der Wand zu treffen. Der kleine, harte Ball verfehlte zwar sein Ziel, doch er prallte von der Wand ab und flog mit hoher Geschwindigkeit gegen Markus' Kopf. Der Junge fiel in Ohnmacht und erwachte erst wieder im Krankenhaus – mit einer schweren Gehirnerschütterung. Sechs Wochen musste er beim Training pausieren, trotzdem war er norddeutscher Meister in seiner Klasse geworden. Allerdings fiel er jetzt schon wieder aus. Mit dieser Verletzung konnte er bestimmt nicht trainieren.

Zum Glück beginnen nächste Woche die Sommerferien, dachte Frau Runge.

»Du kannst gehen, Natascha«, sagte sie. »Aber das Thema ist noch nicht durch. Verstanden?«

Das Mädchen nickte und verließ das Zimmer.

Frau Runge wollte sich gerade wieder Markus zuwenden, als sie ein Martinshorn hörte. Sie stand vom Bett auf und ging zum Fenster. »Der Krankenwagen kommt«, sagte sie und beobachtete einen PKW mit Hamburger Kennzeichen, der von der Hauptstraße abbog und dem Rettungswagen auf dem schmalen Weg zum Parkplatz des Internats hinterherfuhr. »Oje«, seufzte die Internatsleiterin, »und die ersten Gäste sind auch schon da!«

Drei

»Ich glaube, wir sind gleich da. Nächste rechts«, sagte Ronny. Er saß auf dem Beifahrersitz, mit der aufgeklappten Landkarte auf den Beinen, und studierte die Wegbeschreibung.

Plötzlich ertönte eine Sirene direkt hinter ihnen. Ronnys Vater nahm den Fuß vom Gaspedal und fuhr rechts heran. Ein Unfallwagen raste vorbei. Keine fünfzig Meter weiter leuchteten die Bremslichter rot auf und der Rettungswagen bog in eine schmale Seitenstraße.

»Fährt der etwa zu dem Sportinternat?!«, fragte Ronnys Mutter auf der Rückbank. »Mein Gott, Günther, hältst du es wirklich für richtig, dass der Junge dorthin soll?«

Der Vater sah in den Rückspiegel, brummte etwas Unverständliches und fuhr wieder an, dem Unfallwagen hinterher.

»Günther, ich habe dich etwas gefragt.« Ronnys Mutter ließ nicht locker. »So weit weg von Zuhause! Muss das denn wirklich sein?«

»So weit ist das doch gar nicht«, mischte Ronny sich ein.

Die Mutter warf einen flüchtigen Blick auf ihre Uhr. »Fast drei Stunden Fahrt – na, ich danke.«

Ronny zeigte seine Armbanduhr. »Übertreib nicht, Mama! Wir sind gerade mal gut zwei Stunden unterwegs«, korrigierte er. »Um Viertel vor sieben sind wir losgefahren, jetzt ist es gleich neun.«

»Zwei Stunden oder drei – das macht doch keinen Unterschied«, meinte die Mutter. »Günther, jetzt sag doch auch mal was!«

Der Vater sah wieder in den Rückspiegel, bedachte seine Frau mit einem verzweifelten Blick und lenkte stumm seufzend den Wagen zum Parkplatz des Sportinternats.

»Wir sind da«, sagte er, bremste und stellte den Motor aus.

»Günther . . .!«

Ronny stieß die Tür auf, stieg aus, streckte sich und lief ein paar Schritte.

»Wir haben doch über alles gesprochen«, hörte er seinen Vater sagen. »Wir sehen uns das Internat erst einmal an. Wer weiß, vielleicht gefällt es Ronny hier ja gar nicht.«

»Aber es ist so weit weg . . .«, wiederholte die Mutter. »Und dann der Krankenwagen . . . – ich weiß wirklich nicht, ob das hier das Richtige ist.«

»Du hast doch gehört, was Herr Hanssen gesagt hat«, rief der Vater den Besuch des Talentspähers bei ihnen zu Hause in Erinnerung. »Ronny ist ein guter Sportler. Er könnte Profi werden, wenn er richtig trainiert und gefördert wird.«

»Ja, aber . . .«

»Nichts ›aber‹«, unterbrach der Vater. Langsam wurde er böse. »Du machst dir Sorgen um Ronny? Dann denk

mal darüber nach, was aus ihm werden soll! In der heutigen Zeit, bei der Jugendarbeitslosigkeit! Wenn er es wirklich schafft und Fußballprofi wird, hat der Junge ausgesorgt.«
»Und wenn er es nicht schafft?«, zweifelte die Mutter immer noch.
»Dann werden wir weitersehen.« Der Vater schlug einen versöhnlicheren Ton an, um seine Frau zu beruhigen. »Ronny wird hier ja nicht nur trainieren, sondern auch zur Schule gehen. Und die soll sehr gut sein. Na ja, und wenn alle Stricke reißen, kann er immer noch einen Beruf erlernen. Hier ist es bestimmt einfacher als in Hamburg, einen Ausbildungsplatz zu finden. Herr Hanssen hat doch erwähnt, dass einige Firmen als Sponsoren eng mit dem Internat zusammenarbeiten.«
»Sicher«, sagte die Mutter, doch ihre Stimme klang wenig überzeugt. Mit skeptischem Blick betrachtete sie das etwas heruntergekommene mehrstöckige Haus, in dem das Internat untergebracht war. »Glaubst du wirklich, dass unser Sohn sich hier wohl fühlt?«
»Unserem Herrn Sohn tut es vielleicht mal ganz gut, für eine Weile von Zuhause weg zu sein«, entgegnete der Vater. Seine Stimme klang plötzlich wieder ungewöhnlich scharf. »Du hast ihn doch viel zu sehr verwöhnt.«
»Natürlich, jetzt kriege ich wieder die Schuld«, brauste die Mutter auf.
Scheiße, jetzt geht das Streiten schon wieder los, dachte Ronny, schob die Hände in die Hosentaschen und lehn-

te sich an einen windschiefen, aus einfachen Brettern zusammengenagelten Zaun, der den Parkplatz von einem kaum gepflegten Rasen abgrenzte. Er stellte die Ohren so gut es ging auf Durchzug und betrachtete das große, klotzige Gebäude auf der anderen Seite der Wiese. Es war mindestens hundert Jahre alt und sah nicht besonders einladend aus. Ronny hielt die Nase in den leichten Wind, der von dem Gebäude herüberwehte: Es roch unverwechselbar nach Schule.

Ronny verzog das Gesicht und wollte auf dem schmalen Weg weiterwandern, der vom Parkplatz weg- und offensichtlich auf das Internatsgelände führte.

Doch sein Vater hielt ihn zurück. »Komm, Junge, sehen wir uns das Internat mal an«, rief er mit einer leicht zitternden Stimme.

Ronny drehte sich ahnungsvoll um. Seine Eltern standen nicht nebeneinander. Zwischen ihnen klaffte eine Lücke, ein Riesenloch.

Der Vater versuchte zu lächeln. »Halb so schlimm, Junge«, sagte er. »Nur ein kleiner Streit. So was kommt in den besten Familien vor. Ist schon wieder vergessen.«

Ronny sah seine Mutter an. Ihre Mundwinkel flatterten. In den Augen standen Tränen, die sie mühsam herunterschluckte. Von wegen »nur ein kleiner Streit«! Da war überhaupt nichts vergessen! Jeder einzelne der vielen Streits in den letzten Wochen und Monaten stand der Mutter ins Gesicht geschrieben.

Verdammt, fluchte Ronny stumm. Er hatte es so satt. Er

konnte das alles nicht mehr ertragen: das Schreien des Vaters, das Keifen der Mutter, die lautstarken Auseinandersetzungen, das eisige Schweigen danach.

»Komm, Junge. Nichts wird so heiß gegessen, wie es gekocht wird«, zitierte der Vater einen seiner geliebten Sprüche. »Wir werden uns doch von so einer kleinen Meinungsverschiedenheit nicht den ganzen Tag verderben lassen, oder?!«

Ronny tauchte ab, bevor der Vater ihm den Arm um die Schulter legen konnte, und eilte voraus, an zwei Jungs vorbei, die vor dem Eingang standen und zufrieden das Spruchband begutachteten, das sie soeben am Vordach befestigt hatten.

»Das Ding hängt schief«, grantelte Ronny, als er an den beiden vorbeimarschierte.

»Wie bist du denn drauf?«, fragte der größere Junge belustigt.

Ronny zog die große Glastür auf. »Und außerdem wird ›offenen‹ mit zwei ›f‹ geschrieben.«

»Was für ein Arsch«, stellte Sebastian fest.

»Es tut mir Leid«, flötete Ronnys Mutter, die gerade die beiden Jungs passierte. »Ich entschuldige mich für meinen Sohn. Ihr dürft ihm nicht böse sein. Er ist ein guter Junge.«

Tom und Sebastian sahen sich verwundert an.

»Sag mal, Renate, spinnst du?« Ronnys Vater schüttelte fassungslos den Kopf. Er riss energisch die Tür auf und schob seine Frau in die Eingangshalle.

»Heiliger Dreck!«, stöhnte Tom. »Der Typ ist nicht nur

ein Arschloch, sondern auch noch ein Muttersöhnchen. Hoffentlich kommt der nicht zu uns!«

»Da kannst du drauf wetten«, war Sebastian überzeugt und betrachtete wieder das Spruchband. »Vielleicht sollten wir das doch ausbessern«, sagte er nachdenklich. »Den Fehler sieht jeder Volltrottel sofort!«

»Quatsch!« Tom tippte sich an die Stirn. »Wir sind nun mal keine Eliteschule für Sprachgenies, sondern ein Sportinternat.«

»Da hast du Recht«, stimmte Sebastian ihm zu. »Außerdem ist es besser, wenn jeder gleich sehen kann, dass bei uns solche gehirnamputierten Typen wie du rumlaufen!«

»Was?! Aber ich hab das doch gar nicht geschrieben!«, schrie Tom. Mit geballter Faust rannte er Sebastian hinterher, an Ronny und seinen Eltern vorbei.

Idiotenpack, dachte Ronny, der die beiden heimlich beobachtet hatte.

»Vorsichtig, Jungs!«, rief die Mutter, als die beiden Jungs schon längst im Treppenhaus verschwunden waren. »Seid doch nicht so wild!«

Ronny zuckte zusammen. Mann, war das peinlich!

»Bitte, Renate, jetzt reiß dich zusammen, ja?«, hörte er seinen Vater zischen und sah aus den Augenwinkeln, wie er die Mutter am Unterarm fasste und durch die riesige, aber spärlich, fast ärmlich ausgestattete Empfangshalle führte.

Es gab keine Grünpflanzen, keine Sessel, Bänke oder andere Sitzmöglichkeiten. Nichts, was fröhlich stimmte

oder darauf hindeutete, dass hier Kinder und Jugendliche lebten. Nur die breite Glastür, die hohen Wände, die vielleicht einmal weiß gewesen waren, und zwei Telefonzellen, die verloren in einer Ecke des Raumes standen.
Na toll, dachte Ronny entsetzt und folgte seinen Eltern missmutig zu dem Empfangstresen, hinter dem ein Mann in Uniform hockte und die drei mit einem mürrischen Blick musterte.
»Guten Tag«, sagte Ronnys Vater freundlich. »Wir sind gekommen, um uns das Internat anzusehen.«
»Name?«, knurrte der Uniformierte einsilbig.
»Kramer«, antwortete der Vater und registrierte stirn-

runzelnd, dass der Mann hinter dem Empfangstresen begann eine Art Ausweis auszustellen.

»Vorname?«

»Günther«, antwortete der Vater. »Aber . . . was soll das?«

»Sicherheitsgründe«, murmelte der Uniformierte. Er deutete mit dem Daumen auf ein Schild, das an der Hemdtasche befestigt war und auf dem *Carsten Hartmann, Security* zu lesen war. »Das bin ich«, sagte der

Mann und fragte Ronnys Mutter: »Und wie ist Ihr Vorname?«
»Meine Frau heißt Renate und das ist unser Sohn Ronald«, stellte der Vater vor. »Aber mich interessiert vielmehr, was Sie mit ›Sicherheitsgründe‹ meinen.«
»Ach, Sie glauben ja gar nicht, was hier manchmal für Gestalten rumlaufen«, antwortete Herr Hartmann in einem fast gleichgültigen Ton, ohne die Arbeit an den Ausweisen zu unterbrechen. »Und erst die Jugendlichen! Was meinen Sie, wie oft schon jemand abhauen wollte. Manchmal kommt auch einer erst spät in der Nacht heim und versucht unbemerkt auf seinem Zimmer zu verschwinden. Heimlich, natürlich. Da heißt es aufpassen! Aber an mir und meinen Kollegen kommt niemand vorbei.«
»Gestalten?«, fragte Ronnys Mutter mit leichenblassem Gesicht. »Was denn für Gestalten?!«
»Na ja«, sagte der Security-Mann. Er legte die fertigen Tagesausweise auf den Tresen und lehnte sich in seinem Sessel zurück. »Vor ein paar Wochen, da haben wir zum Beispiel einen erwischt. So einen Fiesen, ganz Hinterhältigen. Der hatte . . .«
»Herr Hartmann!«, unterbrach ihn eine tiefe, männliche Stimme. »Erzählen Sie schon wieder Schauermärchen?«
Der Uniformierte fuhr erschrocken hoch. »Ach, Sie sind es, Herr Reimann«, atmete er erleichtert auf, als er den Mann erkannte, der unbemerkt das Internat betreten hatte. »Nee«, sagte er und hob beschwichtigend die Hände, »ich hab kein Sterbenswörtchen verraten.«

»Es gibt überhaupt nichts zu verraten«, sagte der Mann. Er sah den Security-Mann strafend an und wendete sich dann Ronnys Mutter zu. »Machen Sie sich keine Sorgen, die Jugendlichen sind hier in den allerbesten Händen. Diese Sicherheitsleute haben nur einen äußerst merkwürdigen Humor.«

»Na ja, wenn Sie meinen«, murmelte der Uniformierte. »Ich weiß jedenfalls, was ich weiß.«

»Es reicht, Herr Hartmann«, sagte der Mann knapp und stellte sich Ronny und den Eltern vor. »Mein Name ist Reimann. Ich bin Jugendtrainer beim SV Löwenstein. Wir sind, wie Sie vielleicht wissen, gerade in die Zweite Fußball-Bundesliga aufgestiegen. Unser Verein arbeitet schon sehr lange mit dem Sportinternat zusammen. Und sehr erfolgreich! – Sie kommen zum Tag der offenen Tür? Dann nehme ich Sie gleich mit hoch. Frau Runge, die Internatsleiterin, erwartet die Besucher im dritten Stock.«

Herr Reimann nahm die Tagesausweise vom Tresen und führte Ronny und seine Eltern zu einem wenig Vertrauen erweckenden Fahrstuhl. Der Aufzug knirschte und knackte, doch er schaffte es sicher bis zur dritten Etage. Ruckelnd öffneten sich die Türen – und Ronnys Mutter zuckte zusammen. Genau vor ihrer Nase standen zwei Sanitäter. Auf der Trage zwischen ihnen lag ein Junge, der nicht viel älter war als Ronny. Seine Hand war in einen weißen Mullverband gewickelt. Doch in der Innenhand sickerte schon wieder das Blut durch.

»Entschuldigen Sie«, sagte der erste Sanitäter. »Würden

Sie bitte den Aufzug verlassen? Der Junge muss schnellstens ins Krankenhaus.«
»In den besten Händen, ja?!«, giftete Ronnys Mutter den Fußballtrainer an und schoss aus dem Fahrstuhl.
Herr Reimann hob die Schultern, kniff die Lippen zusammen und sah Hilfe suchend zu Herrn Kramer.
»Nun ja«, sagte Ronnys Vater vermittelnd, »es sind halt Jungs. Da passiert schon mal was.«
»Genau«, sagte Herr Reimann erleichtert.
Ronny starrte den verletzten Jungen an, der den Daumen seiner gesunden Hand hob und ihm etwas gequält zulächelte, bevor sich die Türen des Aufzugs geräuschvoll schlossen. Erst jetzt wurde ihm richtig bewusst, dass er hier war, um sich sein neues Zuhause anzusehen. Gedankenverloren schlich er seinen Eltern und dem Trainer hinterher.
Die Jugendlichen hatten ganze Arbeit geleistet. Der Aufenthaltsraum strahlte vor Sauberkeit. Die Tische waren gedeckt, Kerzen brannten, obwohl die Morgensonne durch das Fenster schien. In der Luft hing das Aroma frisch gekochten Kaffees.
Frau Runge begrüßte die Besucher, stellte sich vor und fragte nach Ronnys Namen. »Ach, der Fußballspieler«, sagte sie freundlich. »Na, das passt ja. Wenn du Fragen hast – Herr Reimann kann dir alles erklären.«
Sie wechselte ein paar Worte mit Ronnys Eltern und verkündete, dass noch weitere Interessenten erwartet wurden, weshalb sie alle wichtigen Informationen später bekannt geben würde. Die Internatsleiterin schlug vor, dass

die Gäste mit dem extra für sie hergerichteten Frühstück doch schon beginnen sollten – und verließ den Aufenthaltsraum, um sich mit ihrer Kollegin zu besprechen.
»Soso, du bist also der Ronny«, sagte der Trainer, während die Mutter Kaffee einschenkte. »Ich hab schon viel von dir gehört.«
Ronny schreckte aus seinen Gedanken und sah Herrn Reimann überrascht an.
»Von Herrn Hanssen«, erklärte der Trainer. »Er kam beinahe ins Schwärmen, als er dich empfohlen hat. Nun, wir werden ja sehen, was du draufhast.«
»Muss ich etwa ein Probetraining machen?«, fragte Ronny. »Ich habe gar keine Sportsachen mitgenommen.«
»Ein Probetraining? Nein.« Herr Reimann schüttelte den Kopf. »Was dein fußballerisches Können anbelangt, da verlassen wir uns ganz auf unseren Talentspäher. Schließlich hat er dich oft genug beobachtet. Aber ob du zu uns passt, rein menschlich betrachtet, das ist eine ganz andere Frage.« Er lachte. »Na ja – natürlich müssen wir auch zu dir passen. Schließlich sollst du dich ja wohl fühlen, wenn du hier wohnst. Hast du dich schon umgesehen?«
»Nein«, antwortete Ronny. Er hatte das Gefühl, dass die Frage keine Frage war, sondern eine Aufforderung. Also stand er auf und ging, ohne ein weiteres Wort zu sagen, hinaus.
Viel zu sehen gab es nicht. Ein langer, dunkler Gang mit vielen Türen, die fast alle geschlossen waren. Schräg gegenüber dem Aufenthaltsraum stand eine offen. Ronny spähte hinein. Es war eine kleine Küche, in der sich Frau

Runge mit einer anderen Frau unterhielt. Sie bemerkten ihn nicht. Ziellos schlich er weiter.

Plötzlich wurde eine Tür aufgerissen. Ein Junge stürmte heraus, knallte sie hinter sich ins Schloss – und blieb abrupt stehen, als er Ronny entdeckte. Er legte den Kopf schief und musterte ihn neugierig.

»Hi, ich bin Patrick«, sagte er schließlich. »Bist du neu?«

Ronny nickte und zuckte gleichzeitig mit den Schultern. »Weiß noch nicht«, murmelte er.

»Ist echt cool hier«, rief Patrick begeistert. Er holte einen Schlüssel aus der Hosentasche und deutete auf die Tür zu seinem Zimmer. »Willst du mal sehen?«

»Von mir aus«, sagte Ronny. Allerdings fragte er sich, wofür Patrick den Schlüssel brauchte.
Patrick schien seine Gedanken zu ahnen. »Die Tür hat ein Schnappschloss. Du musst jedes Mal aufschließen, wenn du draußen warst. Ist aber besser so. Seit jeder seinen eigenen Schlüssel hat, ist nichts mehr geklaut worden«, erklärte er ungefragt und öffnete die Tür.
Ronny blieb im dunklen Flur stehen und blickte in das Zimmer. Es war nicht besonders groß, aber es hatte einen Balkon und sah hell, freundlich und wunderbar unaufgeräumt aus.
Nur eines wunderte Ronny: »Wieso sind in dem Zimmer *zwei* Betten und *zwei* Schreibtische?«
»Na, weil es Doppelzimmer sind«, sagte Patrick, als sei es das Selbstverständlichste von der Welt. »Aber ich wohne schon seit einem halben Jahr allein.«
Ronny schluckte. Er hatte keine Geschwister und musste sein riesiges Zimmer zu Hause mit niemandem teilen. Er konnte sich überhaupt nicht vorstellen zu zweit in so einem kleinen Zimmer zu wohnen. Das würde er nicht mitmachen. Niemals!
»Ich will jetzt los«, sagte Patrick, zog die Tür vor Ronnys Nase zu und holte einen Tischtennisschläger hervor, den er unter dem T-Shirt in den Hosenbund gesteckt hatte. »Im Keller stehen ein paar Platten. Kommst du mit?«
Ronny schüttelte den Kopf. »Nee, ich muss gleich wieder zu den anderen. Frau Runge will uns alles zeigen, wenn alle da sind.«
Patrick musterte ihn, dachte einen Moment nach und flüs-

terte dann geheimnisvoll: »Ich muss dir auch was zeigen. Los, komm mit!« Bereitwillig folgte Ronny dem Jungen den Gang entlang, bis sie am anderen Ende vor dem Fenster stehen blieben. »Da unten, der See – siehst du ihn?«
»Natürlich«, antwortete Ronny.
»Der gehört zum Internat«, erklärte Patrick. »Man kann darin baden, angeln und Boot fahren. Einfach klasse, sag ich dir. Letztes Jahr hab ich eine Baumhöhle entdeckt, direkt am Ufer. Dort findet mich niemand.« Er senkte seine Stimme: »Von da aus kann man heimlich die Mädchen beobachten.«
»Mädchen?«, fragte Ronny überrascht. »Beobachten?«
»Ja«, raunte Patrick. Seine Augen glänzten. »Aber das darfst du niemandem verraten, es ist ein Geheimnis.«

»Versprochen«, flüsterte Ronny. Seine Hände waren plötzlich vor Aufregung ganz feucht.
Patrick sah ihn prüfend an. »Vielleicht nehme ich dich nach den Sommerferien mal mit«, sagte er dann.
»Oh ja, bitte!«
»Vielleicht, hab ich gesagt«, schränkte Patrick ein. »Wie heißt du überhaupt?«
»Ronny!«, rief eine Stimme von der anderen Seite des Flures.
»Das bin ich«, sagte Ronny. »Mein Vater ruft mich.«
»Na dann – tschüss«, verabschiedete sich Patrick, »bis nach den Ferien.« Er öffnete die Tür zu dem zweiten, kleineren Treppenhaus und lief, ohne sich noch einmal umzudrehen, hinunter zum Tischtennisraum im Keller.
»Bis dann«, murmelte Ronny und machte sich auf den Weg zurück zum Aufenthaltsraum.

Vier

»So, das war's«, sagte Ronnys Vater. »Der große Augenblick ist gekommen.« Er stellte die Sporttasche neben den Koffer und der Reisetasche auf den Parkplatz, überprüfte noch einmal, ob er nichts liegen gelassen hatte, wuchtete die Kofferraumklappe ins Schloss und drehte sich zu seinem Sohn um.

Sekundenlang sahen sich die beiden an, stumm und bewegungslos.

»Na, komm schon her!«, brach der Vater das Schweigen.

Ronny stürzte in seine Arme.

»He, du wirst doch jetzt nicht etwa anfangen zu heulen?!«, rief der Vater mit gespielter Empörung.

»Quatsch«, schluchzte Ronny und schluckte tapfer die Tränen herunter.

»Dazu hast du auch gar keinen Grund.« Der Vater befreite sich aus der Umarmung. »Mensch, wenn ich früher so eine Chance gehabt hätte! Ich war auch ein guter Sportler, weißt du. Aus mir hätte etwas werden können. Aber dann . . .«

». . . habt ihr mich bekommen«, unterbrach Ronny und fügte mit bitterer Miene in Gedanken hinzu: Und statt zu studieren und fünfmal die Woche zu trainieren,

musstest du arbeiten, um die Familie zu ernähren. Armer Papa.
Der Vater senkte schuldbewusst den Kopf. Ronny hatte in den zurückliegenden Sommerferien in dem Hotelzimmer direkt neben dem seiner Eltern gewohnt. Es war sehr warm in Italien gewesen, selbst in den Nächten. Der Vater musste wissen, dass Ronny durch die offenen Fenster mit angehört hatte, wie er im Streit Ronnys Mutter vorwarf, dass die ungeplante Geburt des Kindes seine ganzen Zukunftspläne zunichte gemacht hatte.
»Ich bin froh, dass alles so gekommen ist«, sagte der Vater leise. »Deine Mutter und ich haben uns immer noch lieb, auch wenn wir uns manchmal streiten. Und ich bin stolz auf dich, mein Sohn!« Er packte Ronny und drückte ihn fest an sich.
»Ich weiß, Papa«, flüsterte Ronny und ließ der Sintflut, die aus seinen Augen schoss, freien Lauf.
Minutenlang standen Vater und Sohn eng umschlungen auf dem Parkplatz neben dem Wagen. Bis der Vater die Umarmung löste und zwei Taschentücher aus der Packung nestelte.
»Nicht alle Wünsche im Leben gehen in Erfüllung«, sagte er und schnäuzte sich. »Für mich war der Weg zum Fußballprofi verbaut. Aber du, Ronny, du kannst es schaffen. Streng dich an, Junge! Das hier« – er deutete mit einer ausladenden Armbewegung auf das Internatsgelände – »ist eine riesengroße Chance, die nur wenige bekommen. Nutze sie! Versprichst du mir, dass du dich anstrengen wirst?«

Ronny zögerte. Er freute sich auf das Internat. Während der gesamten Sommerferien hatte er an kaum etwas anderes gedacht und kribbelig vor Aufregung auf den heutigen Tag gewartet. Trotzdem blieben ein paar Zweifel.

»Damit das klar ist«, erklärte der Vater. »Dein Zuhause ist und bleibt in Hamburg. Du kommst, sooft du willst. Außerdem kannst du jederzeit anrufen. Und ich verspreche dir: Wenn es dir hier absolut nicht gefällt, hole ich dich sofort nach Hause. Aber ich möchte, dass du dich zumindest bemühst. Sei freundlich zu den Leuten, dann sind sie es auch zu dir.«

»Ja, Papa«, sagte Ronny. »Ich werde dich bestimmt nicht enttäuschen.«

Der Vater nickte zufrieden. Er klopfte seinem Sohn auf-

munternd auf die Schultern und zog einen Hundert-Mark-Schein aus der Hemdtasche.
»Hier, mein Junge, das wird wohl fürs Erste reichen«, sagte er und drückte Ronny das Geld in die Hand.
»Danke«, murmelte Ronny.

Der Vater holte zwei Briefumschläge aus der Innentasche seines Jacketts und gab Ronny den ersten. »Hierdrin ist eine Vollmacht, damit du ein Konto bei einer Bank eröffnen kannst«, sagte er. »Wie das geht, hab ich dir erklärt. Denk dran, dass du mir die Kontonummer gibst, damit ich dein Taschengeld überweisen kann.«
»Okay.«
»Und der hier ist von deiner Mutter.« Der Vater wedelte mit dem zweiten Umschlag und lachte. »Wahrscheinlich ist da auch Geld drin.«
Hoffentlich nicht nur, dachte Ronny und nahm das Kuvert. Deutlich konnte er den Geldschein ertasten. Aber außerdem steckte auch noch ein Brief in dem Umschlag.
»Du verstehst doch, dass deine Mutter nicht mitgekommen ist?«, fragte der Vater. »Du kennst sie ja, sie hätte die ganze Zeit nur geweint und uns verrückt gemacht. So ist es bestimmt für alle besser.«
»Ja, sicher«, sagte Ronny knapp. Er ließ seine Gedanken wandern, weit weg, 250 Kilometer weit, bis nach Hamburg. In seine Straße, in die Wohnung, in die Küche, in der seine Mutter jetzt wahrscheinlich saß und . . .
»Es wird Zeit«, holte der Vater ihn aus der Gedankenwelt zurück.
»Schon?!« Ronny erschrak, doch er versuchte sich nichts anmerken zu lassen.
»Na ja . . .« Der Vater warf einen Blick auf die Uhr, sah Ronny an, hob die Arme – und ließ sie wieder sinken. »Aber wenn du willst, kann ich noch mit hochkommen.«
Ronny schüttelte den Kopf.

»Schaffst du das Gepäck allein?«

»Klar«, sagte Ronny. Er umarmte seinen Vater, hängte die Sporttasche um den Hals, schnappte sich den Koffer und die Reisetasche und ging zum Eingang des Sportinternats. Hinter sich hörte er die Wagentür klappen und den Motor starten. Doch erst als er die Tür erreicht hatte, drehte er sich noch einmal um, stellte den Koffer ab und winkte, bis der Vater auf die Bundesstraße abgebogen und nicht mehr zu sehen war.

Ronny atmete tief durch und ließ seinen Blick schweifen. Gegenüber lag das Schulgebäude in sonntäglicher Stille. Auch die vielen unterschiedlichen Sportanlagen, die sich an das Schulgelände anschlossen, waren verwaist. Nur auf einem der Basketballfelder trugen ein paar ältere Jugendliche ein Match aus. Ein leichter Wind ließ die Blätter an den Bäumen rascheln, ein Vogel saß zwitschernd auf dem Holzzaun in der Sonne und von der Bundesstraße weiter unten war hin und wieder das monotone Brummen vorbeifahrender Autos zu hören.

Das ist also mein neues Zuhause, dachte Ronny und wusste einen Moment lang nicht, ob er jetzt froh oder traurig war. Doch schnell spürte er, dass er keine Lust hatte Trübsal zu blasen, stieß schwungvoll die Glastür mit seinem Hintern auf und stiefelte entschlossen in das Gebäude.

Sein Elan hielt nicht lange an. Hinter dem Empfangstresen thronte Herr Hartmann! Ronny hatte den mürrischen Sicherheitsmann mit seinen unheimlichen Andeutungen nicht vergessen. Besonders wohl war ihm nicht zu Mute. Am liebsten wäre er geradeaus durchmarschiert, bis zum Fahrstuhl. Aber wie sollte er am Tresen vorbeikommen? Herr Hartmann hatte ihn doch schon längst bemerkt.

»Sei freundlich zu den Leuten, dann sind sie es auch zu dir«, klang die Stimme seines Vaters in seinen Ohren. Kann ja nicht schaden, dachte Ronny und grüßte mit einem Lächeln auf den Lippen. »Guten Tag, Herr Hartmann.«

Der Security-Mann hinter dem Empfangstresen musterte ihn zwei, drei Sekunden, die sich wie Lichtjahre hinzogen. »Ronald Kramer, genannt ›Ronny‹«, sagte er dann.

Ronny war erstaunt, dass der Mann seinen Namen noch wusste. Dabei hatten am Tag der offenen Tür mindestens hundert Jungen und Mädchen das Internat besichtigt. Die meisten nur aus Interesse oder Neugier, nicht, um hier zu wohnen. Sieben Wochen war das jetzt her und Herr Hartmann hatte ihn an dem Tag nur einmal gesehen. Denn als Ronny und seine Eltern am späten Nachmittag das Internat verließen, hatte er schon Feierabend gehabt und ein anderer Sicherheitsmann hatte die Tagesausweise wieder eingesammelt.

»Du kannst durchgehen«, sagte Herr Hartmann.

»Bekomme ich keinen Ausweis?«, fragte Ronny.

»Brauchst du nicht mehr«, sagte er und tippte sich auf die Schädeldecke. »Du bist hier drin gespeichert.«

»Ach«, sagte Ronny verblüfft und machte sich auf den Weg zum Aufzug.

Der alte Fahrstuhl ruckelte und knackte noch immer. Irgendetwas schleifte an der Außenwand. Der Aufzug müsste dringend repariert werden, dachte Ronny und war heilfroh, als sich im dritten Stock die Türen öffneten. Schwer bepackt schleppte er sich durch den halbdunklen Gang bis zum Büro von Frau Runge. Er ließ seine Taschen und den Koffer fallen, klopfte, stieß die Tür auf und knallte sich die Fingerspitzen der linken Hand an die Schläfe.

»Sir, Internatsschüler Ronald Kramer meldet sich zur Stelle, Sir«, schnarrte er wie die Soldaten in dem Film, den er vor ein paar Tagen auf Video gesehen hatte.

Doch seine korrekte Meldung, die jeden General begeistert hätte, war vergeblich. Niemand antwortete. Stattdessen hörte Ronny Schritte hinter sich. Er flog auf dem Absatz um, riss erneut den Arm hoch und schrie: »Sir, Internatsschüler Ronald Kramer . . .«

»Lass den Quatsch!«, unterbrach Frau Runge ihn unwirsch. »Wir sind doch hier nicht beim Militär.«
»Sir, Entschuldigung, Sir!«
»Was ist denn mit dir los? Hast du in den Ferien zu viel Sonne gekriegt?«
»Sir, nein, Sir!«
»Ronny, es reicht! Wenn du mich noch ein einziges Mal ›Sir‹ nennst, schmeiß ich dich achtkantig wieder raus«, drohte die Internatsleiterin.
»Oh«, machte Ronny, klappte den Mund zu und schaffte es gerade noch, den »Sir«, der ihm schon auf der Zunge lag, wieder herunterzuschlucken.
»Du bist vielleicht eine Nummer!« Frau Runge sah ihn skeptisch an, dann schmunzelte sie plötzlich und ging ein paar Schritte auf ihn zu.
Ronny gab ihr höflich die Hand, machte eine tiefe Verbeugung – und kam grinsend wieder hoch.
»Sag mal, ein bisschen spinnst du schon, oder?«, lachte Frau Runge. Sie wuschelte ihm zur Begrüßung über die stoppeligen Haare und blickte sich suchend um. »Wo sind deine Eltern?«
Schlagartig wurde Ronny wieder ernst. »Mama ist zu Hause geblieben. Sie hat sich nicht wohl gefühlt«, schwindelte er. »Und Papa musste gleich wieder los.«
»Ach so?« Frau Runge wirkte nachdenklich.
»Das ist schon okay«, sagte Ronny so gleichgültig wie möglich.
»Na ja, du bist ja auch kein kleines Kind mehr«, versuchte die Internatsleiterin ihm eine Brücke zu bauen.

»Ja, genau . . . sicher«, murmelte Ronny und starrte an Frau Runge vorbei auf einen winzigen Fleck an der Wand.
»Wie sieht's aus – hast du Durst?«, unterbrach Frau Runge das Schweigen, das für ein paar Momente geherrscht hatte, und nahm seinen Koffer. »Komm mit in die Küche!«
Ronny schnappte sich seine beiden Taschen und folgte ihr.
»Oder willst du lieber erst das Zimmer sehen, das wir für dich ausgesucht haben?«
»Oh ja!«, rief er gespannt.
Frau Runge ging voraus, an der Küche vorbei, stoppte vor einer verschlossenen Tür und zog einen Schlüssel aus der Tasche ihrer Jeans. »Du bekommst nachher deinen eigenen Schlüssel«, erklärte sie. »Achte darauf, dass du immer abschließt, wenn du das Zimmer verlässt, verstanden?«
Ronny sah sie verwundert an. Wieso war sie vor dieser Tür stehen geblieben? Er hatte bei der Besichtigung deutlich gemacht, dass er ein eigenes Zimmer haben wollte und das auch auf dem Anmeldebogen, den er noch vor den Sommerferien ausgefüllt hatte, angekreuzt und dick unterstrichen. Verdammt, was sollte das?! Dieses Zimmer gehörte doch . . .
»Ronny, ich habe dich etwas gefragt.«
»Ist das nicht . . . Patricks Zimmer?«, fragte er statt eine Antwort zu geben.
»Ja«, sagte die Internatsleiterin und sah ihn verständnislos an. »Das heißt, ab jetzt gehört es euch natürlich gemeinsam. Ihr habt euch doch schon kennen gelernt. Ich

hatte den Eindruck, dass ihr euch ganz gut versteht. Patrick freut sich jedenfalls schon riesig auf dich.«

Ronny spürte einen dicken Kloß in seinem Hals. Er schluckte und schluckte, aber das verdammte Ding wollte einfach nicht verschwinden.

»Junge, was hast du denn?«, fragte Frau Runge.

»Ich . . . ich . . .«, stotterte Ronny und platzte heraus: »Ich wollte doch ein eigenes Zimmer haben!«

»Ich weiß«, sagte Frau Runge. »Aber das geht nicht. Darüber habe ich doch schon mit deinen Eltern am Telefon gesprochen. Haben sie dir nichts gesagt?«

Ronny biss sich auf die Lippen und senkte den Kopf.

»Scheiße! Das ist so typisch! Und an mir bleibt wieder alles hängen«, zischte die Internatsleiterin fast lautlos. Sie sah Ronny mitleidig an und drückte seinen Arm. »Tut mir Leid«, sagte sie leise, »ich dachte, du wüsstest Bescheid.«

Ronny wusste nicht, wie ihm geschah. Wütend machte er sich los.

»Ich will aber ein eigenes Zimmer! Das hat Papa mir versprochen!« Trotzig stampfte er mit dem Fuß auf dem Boden auf.

Frau Runge sah ihn überrascht an. »Aber Junge, das geht nicht.«

»Doch!«, schrie er. »Ich will ein eigenes Zimmer!«

»Ronny, jetzt hör mir mal zu: Es gibt keine Einzelzimmer mehr. Für niemanden.« Frau Runge sprach so ruhig wie möglich und ging einen Schritt auf ihn zu.

Ronny wich zurück. Er stieß mit dem Rücken gegen die

Wand, fuhr erschrocken herum und drehte seinen Kopf langsam wieder nach vorn. Sein Gesicht war wutverzerrt, er ballte die Faust.
»Junge, mach keinen Blödsinn! Warum bist du bloß so wütend?«, fragte Frau Runge.
Eine Zimmertür wurde aufgerissen, Sebastian steckte seinen Kopf heraus. »Ach herrje, das Muttersöhnchen«, stöhnte er theatralisch.

»In zwei Sekunden hast du dich in Luft aufgelöst!«, herrschte Frau Runge ihn an.
»Schon gut«, sagte Sebastian beschwichtigend und zog seinen Kopf zurück.
»Mach die Tür zu!«, rief Frau Runge, wartete, bis Sebastian ihre Anweisung befolgt hatte, und wandte sich wieder Ronny zu. »Gibt es irgendwelche Probleme?«, fragte sie ihn.
»Nein!«, zischte er. »Außer, dass ich ein Zimmer für mich allein haben will.«
»Ja, das habe ich verstanden. Aber deswegen allein bist du nicht so wütend«, entgegnete die Internatsleiterin. »Du bist auf deinen Vater sauer, stimmt's?«
Ronny antwortete nicht.
Er presste die Zähne aufeinander, die Wangenknochen mahlten.
»Oder bist du vielleicht doch ein bisschen traurig, dass deine Mutter nicht mitgekommen ist?«, vermutete Frau Runge.
»Das geht Sie gar nichts an!«, schrie Ronny.
»Komm, Junge, beruhige dich!« Frau Runge öffnete die Tür. »Wir gehen jetzt in dein Zimmer und reden in aller Ruhe über alles. Einverstanden?«
»Das ist nicht mein Zimmer!«, brüllte Ronny. »Ich will ein eigenes – oder gar keins!«
Frau Runge zuckte mit den Schultern. »Tut mir Leid, das ist nicht möglich.«
»Dann hau ich eben wieder ab.« Ronny warf den Riemen der Reisetasche über die Schulter, klemmte die

Sporttasche unter den Arm, packte den Koffer und kämpfte sich durch den Gang zurück zum Aufzug.
»Ronny! Sei vernünftig!«, rief Frau Runge ihm hinterher.
»Lassen Sie ihn doch abhauen!«, drang Sebastians Stimme dumpf durch die geschlossene Tür. »So einen können wir hier sowieso nicht gebrauchen.«
Frau Runge stemmte ihre Hände in die Hüften. »Sebastian Sommer! In zehn Minuten kontrolliere ich das Zimmer. Und wenn es nicht picobello aufgeräumt ist, gnade dir Gott. Das Gleiche gilt für Tom!«
»Ich? Wieso ich denn?«, war Toms Stimme zu hören. »Ich bin doch gar nicht da!«
»Tom, du bist und bleibst ein Trottel«, lachte Frau Runge. Doch schnell wurde sie wieder ernst. »Keine Diskussion mehr! Ihr räumt sofort auf! Und dabei könnt ihr über euer Verhalten nachdenken.« Sie horchte an der geschlossenen Tür, und als von drinnen keine Widerrede kam, machte die Internatsleiterin kehrt und lief Ronny hinterher.
Sie erreichte ihn im Treppenhaus. Er saß zusammengesunken auf den Stufen und starrte in den offenen Aufzug. Frau Runge lehnte sich an die Wand und rutschte an ihr hinunter, bis sie genau vor seiner Nase hockte, stützte ihren Ellenbogen auf die Knie, parkte den Kopf in den Händen – und wartete.
Ronny starrte an ihr vorbei. Hunderttausende Gedanken schossen gleichzeitig kreuz und quer durch seinen Schädel und keinen einzigen bekam er zu fassen. Er

dachte an seine Mutter, seinen Vater, an Hamburg, an die alte Mannschaft, die Schule, seine Klasse, die Freunde, sein Zimmer, sein eigenes, riesengroßes wunderbares Zimmer . . .!

»Lass dir Zeit!«, sagte Frau Runge leise.

Ronny zuckte, fuhr hoch und sah sie überrascht an, als hätte er sie erst jetzt bemerkt. Doch sofort sackte er wieder in sich zusammen.

»Da haben wir beide wohl keinen so besonders gelungenen Start hingelegt, oder?«, meinte die Internatsleiterin.

Ronny lachte kurz auf und schüttelte den Kopf.

»Warum bist du nicht abgehauen?«, fragte Frau Runge. »Der Fahrstuhl steht doch offen.«

Ronny zuckte mit den Schultern. »Weiß nicht. Vielleicht . . .?«
Frau Runge schüttelte den Kopf. »Keine Chance. Es gibt wirklich keine Einzelzimmer mehr«, machte sie seine Hoffnungen zunichte.
»Ich hab aber immer mein eigenes Zimmer gehabt!«, brauste Ronny erneut auf.
Frau Runge erhob sich und sah auf ihn hinunter. »Jetzt reiß dich mal langsam zusammen!«, sagte sie bestimmt, aber immer noch freundlich. »Ich kann verstehen, dass du enttäuscht oder wütend bist. Aber so schlimm ist es nun auch wieder nicht, mit einem anderen Jungen das Zimmer zu teilen, dass du so einen Affentanz aufführen musst.«
Sie streckte ihre Hand aus und half ihm auf die Beine. »Ich schlage vor, dass du es einfach einmal ausprobierst. Patrick ist wirklich nett. Außerdem ist er noch gar nicht da. Er kommt erst heute Nachmittag aus den Ferien zurück. Bis dahin hast du das Zimmer für dich ganz allein.« Sie nahm wieder seinen Koffer. »Na, was ist? Willst du es nicht wenigstens versuchen?«
Ronny dachte nach und nickte schließlich. »Na gut. Aber . . .«
»Nur versuchen«, sagte Frau Runge und marschierte los.
Ronny blieb nichts anderes übrig als seine Taschen zu nehmen und ihr zu folgen. Zögernd, beinahe schüchtern betrat er Patricks Zimmer. Im Gegensatz zum ersten Mal war es sehr aufgeräumt und sauber. Fast sah es

so aus, als würde hier niemand wohnen. Das wird nie mein Zuhause, dachte er, ließ die Taschen einfach mitten im Raum fallen, ging zu dem breiten Fenster und sah hinaus.

Frau Runge stellte seinen Koffer vor die beiden Kleiderschränke hinter der Tür. »Du kannst den hier benutzen«, sagte sie und klopfte auf eine der Türen. »Außerdem gehört dir der Schreibtisch dort und das da ist dein Bett.«

»Okay«, murmelte Ronny, ohne sich umzudrehen.

Frau Runge bemerkte es nicht. »Na, dann richte dich erst einmal häuslich ein.«

Sie stand unschlüssig im Türrahmen, mit der Klinke in der Hand, und wartete auf eine Reaktion. Doch Ronny sagte nichts.

»Gut, dann lass ich dich jetzt allein! Ich hoffe, du wirst dich hier wohl fühlen.« Frau Runge zog die Tür zu.

Das leise, schnappende Geräusch verriet ihm, dass die Internatsleiterin gegangen war. »Da kannst du lange drauf warten«, murmelte Ronny, drehte sich um – und gähnte. Ein plötzliche Müdigkeit überfiel ihn. Er schlurfte zu dem Bett, das am nächsten stand, und ließ sich hineinfallen, kickte die Schuhe von den Füßen und zog die Bettdecke bis über die Ohren. Morgen haue ich wieder ab, war das Letzte, was er dachte, bevor er einschlief.

Fünf

»He, das ist mein Bett!«

Eine kichernde Stimme drang an Ronnys Ohr. Etwas Schweres legte sich auf seine Schulter und rüttelte ihn.

»Komm, wach auf!«, war die Stimme erneut zu hören. »Das gibt's ja nicht, da pennt der Typ einfach in meinem Bett. Los, wach endlich auf!«

Wieder dieses Rütteln. Warum hört das nicht auf?, dachte Ronny. Er murmelte etwas Unverständliches, rieb sich das Gesicht, gähnte und reckte sich, öffnete schließlich die Augen – und sah in ein Gesicht, das ihm irgendwie bekannt vorkam.

»Hi, kannst du dich noch an mich erinnern?«, sagte das Gesicht freundlich. »Ich bin Patrick.«

»Wieso weckst du mich?«, knurrte Ronny ihn an. »Ich hab gerade so schön geschlafen.«

»Nun, dafür gibt es mehrere Gründe.« Patrick ging zum Fenster, öffnete es zum Lüften und zeigte hinaus. »Es ist vier Uhr nachmittags, die Sonne strahlt vom blauen Himmel und schreit danach, dass wir rausgehen und ich dir die Umgebung zeige. Außerdem findet in einer Stunde eine Vollversammlung statt. Na ja, und last, but not least: Du liegst in *meinem* Bett!«

»Wenn das alles ist«, meinte Ronny, wälzte sich aus den Federn und schlurfte schlaftrunken zu dem Bett auf der anderen Seite des Zimmers. Im Vorbeigehen nahm er die Flasche Wasser mit, die auf dem Tisch stand.
»Das ist meine«, sagte Patrick, »aber bedien dich ruhig!«
»Danke«, murmelte Ronny. Er setzte sich auf das Bett, drehte den Verschluss der Flasche ab und trank sie in einem Zug halb leer, wartete einen Moment und gab einen tiefen Rülpser von sich.
»Sau«, sagte Patrick grinsend.
Ronny zuckte mit den Schultern, stellte die Flasche auf den Boden und ließ sich zu-

rückfallen. Sekunden später fuhr er ruckartig wieder hoch. »Verdammt, wo bin ich?!«
»Du bist auf der Erde«, antwortete Patrick. »Genau genommen befinden wir uns in Deutschland, exakt 1.136 Schritte vom Ortseingangsschild nach Löwenstein entfernt. Diese wunderschöne Stadt hatte bei der letzten Volksschätzung rund 246.000 Einwohner und ist neuerdings auch bekannt durch den gleichnamigen Sportverein Löwenstein, der in der kommenden Saison in der Zweiten Bundesliga für Furore sorgen wird. Falls du dich für Fußball interessierst.«
Ronny starrte Patrick zweifelnd an. »Du spinnst, oder?«
»Keinesfalls, das sind alles Fakten«, sagte Patrick fröhlich. »Des Weiteren kann ich dich darüber informieren, dass wir heute Sonntag haben. Die Außentemperatur beträgt 26° Celsius und es ist jetzt auf die Sekunde genau . . . 16 Uhr 09. Das bedeutet, dass wir noch einundfünfzig Minuten Zeit haben, bis die Vollversammlung beginnt.«
»Sag mal, quatschst du immer so viel?«
»Nö«, gab Patrick zur Antwort, »nur, wenn ich zu lange bei meinen Eltern war. Da komme ich nämlich nie zu Wort. Na ja, und wenn ich dann wieder hier bin, hab ich immer so eine Art Nachholbedarf und sülz alle Leute voll. Ist wohl so ein Tick von mir. Aber keine Angst, in ein paar Tagen ist das wieder vorbei.«
»Ach so«, sagte Ronny vollkommen verwirrt.
»Noch fünfzig Minuten.«
»Noch fünfzig Minuten – und dann?«

»Na, dann beginnt die Vollversammlung.«
»Was denn für eine Vollversammlung?«
»Eine kleine. Es gibt die große, an der alle teilnehmen, die im Internat wohnen, und eben die kleine, nur für uns«, erklärte Patrick. »Die nachher ist eine . . .«
»Eine kleine, ja, ich weiß!«, unterbrach Ronny.
»Ui, ganz schön clever«, lachte Patrick.
»Verarschen kann ich mich alleine«, murmelte Ronny.
»Ach komm, stell dich nicht so an! Steh lieber auf! Es gibt noch eine Menge, was du nicht weißt. Aber das erzähle ich dir alles draußen. Dabei kann ich dir auch gleich die Gegend zeigen.«
»Keine Lust«, grummelte Ronny.
Patrick ignorierte Ronnys schlechte Laune. Er sammelte einen von Ronnys Schuhen auf und warf ihn quer durch das Zimmer. »Los, anziehen«, sagte er. »Wo ist denn der zweite?«
Ronny zuckte gleichgültig mit den Schultern. Patrick suchte und entdeckte ihn halb unter einem der Schränke liegend. Er ging hin, um ihn zu holen, und stolperte dabei fast über den riesengroßen Koffer.
»Du hast ja noch gar nicht ausgepackt?!«, staunte er und kickte gegen den Schuh, sodass der über den glatten Boden schlitterte, genau bis vor Ronnys Füße.
»Das lohnt sich auch nicht«, sagte Ronny, während er automatisch den zweiten Schuh anzog. »Ich verschwinde nämlich bald wieder von hier. Spätestens morgen.«
»In echt?« Patrick schien überrascht. »Warum?«
»Das geht dich gar nichts an«, sagte Ronny kurz.

»Das finde ich aber doch, schließlich wohnen wir auf einem Zimmer«, meinte Patrick. Er war ein wenig enttäuscht, weil er sich auf Ronny gefreut hatte. Aber ein Zimmerkumpan, der fliehen wollte, war auch nicht schlecht. Wer weiß, vielleicht kommt sogar die Polizei und verhört mich, dachte Patrick und nahm sich fest vor Ronny auf keinen Fall zu verraten. Selbst wenn er gefoltert werden sollte! »Weißt du schon, wo du hinwillst?«

Ronny schüttelte den Kopf. Er war sich noch nicht einmal sicher, ob er wirklich abhauen wollte. Und wenn, hatte er keine Ahnung, wohin. Nach Hause, zu seinen Eltern, konnte er nicht, das war klar. Schließlich hatte er seinem Vater versprochen sich zu bemühen und ihn nicht zu enttäuschen.

»Ich habe eine Idee«, flüsterte Patrick aufgeregt. Er lief zu seinem Schreibtisch und holte den Schulatlas aus der Schublade. »Sag mal 'ne Zahl«, forderte er Ronny auf.

»Wieso?«

»Los, sag schon 'ne Zahl.«

»Siebzehn Millionen, dreihundertfünfundsechzigtausend . . .«

»Nicht so hoch«, stöhnte Patrick. »Eine zwischen eins und hundertachtzig.«

Ronny überlegte und sagte schließlich: »Hundertneun.«

»Okay, dann wollen wir mal sehen«, murmelte Patrick. Er schlug im Atlas die Seite 109 auf, schloss die Augen und tippte blind mit dem Zeigefinger auf irgendeine Stelle. »Wow, Ghana«, verkündete er. »Das liegt in Afrika. Gar nicht schlecht, da finden sie dich bestimmt nicht so schnell.«

»Du hast doch'n Knall«, war Ronny überzeugt. »Wie soll ich denn nach Afrika kommen? Und was soll ich da?«

»Stimmt«, gab Patrick zu. »Für Afrika bist du viel zu weiß, da fällst du sofort auf. Los, sag eine andere Zahl!«

»Nein, hör auf mit dem Blödsinn! Das ist doch Kinderkram.« Ronny ärgerte sich, dass er sich verplappert hatte. Wenn er wirklich von hier verschwinden wollte, dann musste das heimlich geschehen. Aber jetzt hatte er bereits den ersten Mitwisser. Hoffentlich konnte der dichthalten?!

»Tja, dann weiß ich auch nicht ...« Patrick legte den Atlas zurück in den Schreibtisch. »Warum willst du überhaupt abhauen? Hast du mit jemandem Ärger gehabt?«

»Ja, irgendwie schon«, murmelte Ronny.

»Los, sag schon!«, drängelte Patrick. »Vielleicht kann ich dir helfen?!«

Oh ja, das kannst du, dachte Ronny. Zieh einfach nur aus diesem Zimmer aus! Er warf Patrick einen feindseligen Blick zu, stand wortlos vom Bett auf und ging auf den Balkon.

»Na ja, muss ja auch nicht sein«, meinte Patrick und folgte Ronny nach draußen. Er erklärte ihm, was es alles vom Balkon aus in der Umgebung zu entdecken gab, und ließ sich überhaupt nicht davon stören, dass Ronny nur mit einem Ohr zuhörte. Er hörte erst auf zu reden, als Sebastian klopfte und die beiden zur Vollversammlung rief.

»Oh, ist es schon so spät?«, rief er überrascht und grinste Ronny an. »Ich hab dich ja gewarnt: Ein paar Tage dauert meine Sabbelkrankheit bestimmt noch. Hoffentlich hältst du es so lange aus?!«

Ronny zuckte wieder nur gleichgültig mit den Schultern. Er schob Patrick beiseite, kletterte in das Zimmer zurück und wollte sich wieder hinlegen.

»Stopp!«, hielt Patrick ihn davon ab. »Die Vollversammlung!«

»Da gehe ich nicht hin.«

»Musst du aber. Die Vollversammlungen sind Pflicht«,

erklärte Patrick. »Wenn du ohne besonderen Grund fehlst, können sie dich rausschmeißen.«
»Oh«, machte Ronny erschrocken und folgte Patrick, nachdem der das Zimmer abgeschlossen hatte, den Gang entlang. Erst als sie den großen Aufenthaltsraum erreicht hatten, fiel ihm ein, dass ihm eigentlich gar nichts Besseres passieren konnte als rausgeschmissen zu werden. Aber da war es bereits zu spät.
»Kommt schnell rein!«, wurden sie von Frau Runge empfangen. »Wir wollen anfangen.«

Die beiden setzten sich auf die letzten freien Stühle direkt vor der Tür. Ronny sah sich erstaunt um. Der Raum war brechend voll. Mehr als zwanzig Jungs hockten auf allem, was irgendwie zum Sitzen geeignet war. Sogar auf der Fensterbank hatten einige Platz gefunden. Doch es waren nicht nur Jungs anwesend.

»Was machen die denn hier?«, fragte er Patrick flüsternd.

»Wer? Die Mädchen?«, fragte Patrick zurück.

Ronny nickte.

»Das hab ich doch vorhin schon erklärt«, raunte Patrick. »In der kleinen Vollversammlung treffen sich alle, die in die siebte und achte Klasse gehen, also wir Jungs vom dritten Stock und die Mädchen aus dem vierten. Capito?«

Ronny nickte, aber er sah nicht besonders begeistert aus. Auch das noch, dachte er, Mädchen!

Patrick sah deutlich, dass Ronny etwas missfiel. »Was ist«, fragte er skeptisch, »hast du etwa was gegen Mädchen?«

Fast alle hatten Patricks Frage gehört, obwohl er sie sehr leise gestellt hatte.

»Nein, natürlich nicht«, versuchte Ronny zu antworten, doch er kam nicht dazu.

Sebastian schlug zu. Er hatte nur auf den richtigen Moment gewartet, um Ronny eins auszuwischen. Seit der ersten Begegnung am Tag der offenen Tür konnte er ihn nicht leiden. »Der Typ mag nur eine«, krähte er dazwischen: »Seine . . .«

»Sebastian!« Frau Runge war aufgesprungen. Sie stemmte die Arme in die Hüften und funkelte den Jungen aus wütenden Augen an. »Was hab ich dir vorhin gesagt? Ein einziger dummer Spruch und du fliegst raus!«

Sebastian zuckte erschrocken zurück. Er kniff die Lippen zusammen, um nicht doch noch »Mama« zu sagen. Erst im allerletzten Moment hatte er den rettenden Einfall. »Seine Freundin, wollte ich sagen. Der Typ mag nur seine Freundin.«

Er atmete unmerklich tief durch und ließ sich zurücksinken. Verdammt, das war knapp. Frau Runge verstand in solchen Dingen keinen Spaß, die hätte ihn wirklich rausgeschmissen. Und das wäre kein guter Start in das neue Schuljahr gewesen!

»Stimmt das?«, fragte Patrick gespannt. »Du hast eine Freundin?«

Die anderen Jungs und Mädchen im Raum sahen Ronny an. Vor allem einige Mädchen musterten ihn besonders interessiert.

Ronny spürte ihre Blicke und wusste nicht, was er antworten sollte. Es war nicht unangenehm, plötzlich so im Mittelpunkt zu stehen. Er dachte an Maren aus der Parallelklasse in Hamburg, mit der er beinahe zusammen gewesen wäre, wenn er sich nur getraut hätte sie anzusprechen und antwortete laut genug, damit es jeder hören konnte: »Ja.«

Für einen Moment war es totenstill, nur das Ticken der Uhr über der Tür war zu hören. Doch dann kreischte

plötzlich ein Mädchen los, zwei fingen an zu kichern und die anderen steckten ihre Köpfe zusammen und begannen aufgeregt miteinander zu tuscheln.
Die Jungs reagierten etwas cooler. Die meisten lehnten sich zurück, verschränkten die Arme und betrachteten Ronny abschätzend, wobei keine Regung in ihren Gesichtern verriet, was sie dabei dachten.
Nur Patrick zeigte deutlich, dass er stolz war sein Zimmer mit einem wie Ronny zu teilen. Er selbst träumte häufig davon, eine Freundin zu haben, doch wenn er eine hätte, würde er das nie offen zugeben. Nie!
Er knuffte seinem neuen Mitbewohner auf die Schulter, zwinkerte ihm zu und gab ihm zu verstehen, dass er jetzt wusste, warum Ronny unbedingt wieder verschwinden wollte: aus Liebeskummer.
Dasselbe dachte auch Frau Runge und war erleichtert. Sie wusste zwar aus eigener Erfahrung, dass es nicht schön war, Liebeskummer zu haben – aber sie wusste auch, dass er vorüberging! Im Kopf der Internatsleiterin erloschen einige Alarmlämpchen, die wegen Ronnys auffälligem Verhalten bei seiner Ankunft dunkelrot geglüht hatten.
Vielleicht entging ihr deshalb, dass Sebastian Ronny unentwegt anstarrte. Freu dich nicht zu früh!, stand deutlich in seinem Gesicht geschrieben – meine Rache wird noch kommen!
Frau Runge klatschte ein paar Mal in die Hände, wartete, bis sich die Unruhe etwas gelegt hatte, und verkündete, dass nun endlich die Vollversammlung beginnen

sollte. Als erster Punkt auf der Tagesordnung nach der Begrüßung war vorgesehen, dass Ronny als einziger Neuer im dritten Stock sich vorstellen sollte.

Ronnys schlechte Laune kehrte schlagartig zurück. Sosehr er es genoss, im Mittelpunkt zu stehen, so sehr hasste er es, vor so vielen anderen zu reden. Er zierte sich, doch die anderen drängten ihn, bis er schließlich nachgab.

»Ich heiße Ronny«, murmelte er.

»Lauter!«, rief einer von der Fensterbank.

»Ich heiße Ronny!«, schrie er zurück.

»Ach so«, sagte der andere, »das wusste ich ja schon.«

Ein paar lachten. Ronny nahm einen neuen Anlauf.

»Ich bin dreizehn«, sagte er – und musste schon wieder stoppen, weil Frau Runge »Na?« rief und ihn amüsiert ansah.

»Okay, noch bin ich zwölf«, korrigierte er sich, »aber im November werde ich dreizehn. Ich komme aus Hamburg und mein Lieblingsfach in der Schule ist die große Pause.«

Jetzt lachten alle und Ronny freute sich insgeheim, dass er den Spruch, den er vor einiger Zeit in einem Film aufgeschnappt hatte, endlich einmal loswerden konnte und dass er bei den anderen so gut ankam.

»Und warum bist du hier?«, fragte ein Mädchen mit orange gefärbten Haaren in die Unruhe hinein, die Ronnys Spruch ausgelöst hatte.

Ronny konnte mit der Frage nicht viel anfangen. »Na – weil ich Profi werden will«, antwortete er schließlich.

»Das wollen wir alle«, konterte das Mädchen. »Aber in welcher Sportart?«
»Fußball natürlich.« Irritiert sah Ronny zu Frau Runge.
»Manchmal scheinst du wirklich nicht besonders gut zuzuhören«, stellte die Internatsleiterin fest. »Hier sind nicht nur Fußballer, das habe ich auch schon am Tag der offenen Tür gesagt. In diesem Raum sind acht verschiedene Sportarten versammelt, nein, sogar neun. – Am besten ist wohl, jeder stellt sich mit Namen und Sportart vor, damit Ronny weiß, wo er hier gelandet ist.«
Fünf Minuten später brummte Ronny der Schädel. Er hatte fast vierzig Namen gehört – und die meisten gleich wieder vergessen. Patrick spielte auch Fußball. Das hatte er sich merken können. Der Junge, der an seiner anderen Seite saß, hieß Sascha und spielte Handball. Dessen Nachbar wiederum war Pitt, noch ein Fußballspieler. Der Junge, der am Tag der offenen Tür ins Krankenhaus gebracht werden musste, hieß Markus und war Boxer. Genau wie Tom, der neben Sebastian saß. »Sebastian ist unser Ruderchampion«, hatte Frau Runge erklärt, weil der sich geweigert hatte auch nur ein einziges Wort zu sagen.
Ach ja, der Junge auf der Fensterbank hieß Rico und spielte Tischtennis. Dann gab es noch einen Malte, ein Judoka, doch Ronny wusste nicht mehr, welches Gesicht zu dem Namen gehörte.
Von den Mädchen hatte Ronny sich nur zwei merken können: Natascha, die mit den orangefarbenen Haaren

und den vielen Fragen, war Leichtathletin, Ramona spielte Handball und kicherte ständig.
Einige scheinen ganz nett zu sein, dachte Ronny, vor allem Patrick. Aber die Vorstellung, mit ihm das Zimmer zu teilen, war ihm immer noch nicht geheuer.
»Gut, ich danke euch«, sagte Frau Runge und stellte ihre Kolleginnen vor. Frau Dombrowski, Frau Schultz und Frau Krausig saßen schweigend in der Runde.
Anschließend verteilte die Internatsleiterin die neuen Trainingspläne. Ronny bekam keinen, aber Frau Runge kündigte an, dass Herr Reimann, der Trainer, nach der Vollversammlung vorbeikommen und sich mit ihm unterhalten wollte.
»War's das?«, fragte Rico sprungbereit, als alle ihre Pläne erhalten hatten.
»Nein, da wäre noch eine Kleinigkeit«, sagte Frau Runge und forderte alle auf sich wieder hinzusetzen.
»Was denn noch?«, stöhnte Sebastian genervt.
»Wir haben in den Sommerferien die Briefkästen geleert. Wir waren begeistert über die Vielzahl der Briefe und haben ausführlich über eure Wünsche und Beschwerden diskutiert. Letzte Woche haben wir dann einige Entscheidungen getroffen«, verkündete Frau Runge.
Schlagartig setzte eine gespannte Unruhe ein, während Ronny von Patrick in ungewohnt knappen Worten erklärt bekam, was es mit den Briefkästen auf sich hatte.
»Die Änderungen, die wir vorgenommen haben, könnt

ihr auf der neuen Hausordnung nachlesen, die wir nachher verteilen werden.« Frau Runge hielt einen dünnen Stapel Papier hoch. »Über den wichtigsten Punkt wollen wir aber mit euch reden.«
»Nun machen Sie es nicht so spannend!« Ramona knetete aufgeregt ihre Hände. Sie schien etwas zu ahnen!
»Na gut.« Frau Runge legte die Hausordnungen beiseite und nahm ein paar Briefe zur Hand. »Auf diesen sieben Zetteln steht siebenmal derselbe Wunsch. Die Verfasser möchten, dass die räumliche Trennung zwischen Jungs und Mädchen aufgehoben wird.«
Im Aufenthaltsraum herrschte eine atemlose Stille. Nur das Ticken der Uhr über der Tür war noch zu hören.

»Mit anderen Worten«, fuhr Frau Runge fort: »Ein paar von euch wollen, dass künftig Jungs und Mädchen zwar in getrennten Zimmern, aber auf demselben Flur wohnen. Wir haben darüber mit den Verantwortlichen im Jugendamt und mit den Elternvertretern gesprochen und sind zu folgendem Schluss gekommen: Ihr entscheidet!«

Ein unbeschreiblicher Jubel setzte ein. Die meisten Jungs und Mädchen rissen vor Begeisterung die Arme hoch, als hätten sie gerade das Siegtor im Pokalfinale geschossen oder einen Weltrekord aufgestellt.

Auch Ronny strahlte. Er hatte sofort begriffen, dass die Zusammenlegung von Jungs und Mädchen der Grund dafür war, dass er kein eigenes Zimmer bekommen konnte. Kein schlechter Grund, fand Ronny.

»Wir werden also abstimmen!«, versuchte Frau Runge das Geschrei zu übertönen und wiederholte, als es leiser geworden war: »Wir werden abstimmen. Wenn mehr als zwei Drittel von euch dafür sind, versuchen wir es. Zunächst allerdings nur probeweise bis zu den Herbstferien, dann werden wir weitersehen. Also: Wer ist dafür, dass ab sofort Jungs und Mädchen gemeinsam auf einem Flur wohnen?«

Sechsunddreißig Hände reckten sich in die Höhe, als wollten sie ohne Leiter die Decke streichen. Es war eine überwältigende Mehrheit und der Jubel, der folgte, war ohrenbetäubend. Die Internatsleiterin hatte es schwer, sich Gehör zu verschaffen.

»Moment, zu einer Abstimmung gehört auch die anderen Meinungen abzufragen. Wer ist also gegen den Vorschlag?«

Niemand meldete sich.

»Das will ich euch auch geraten haben«, murmelte eine weibliche Stimme.

»Ramona, bitte, keine Kommentare«, ermahnte Frau Runge das Mädchen. »Und wer enthält sich?«

Zwei Jungs hoben schüchtern ihre Finger.

»Damit ist es eindeutig entschieden: Wir wagen den Versuch«, stellte Frau Runge das Ergebnis fest. »Halt!«, rief sie, bevor die Begeisterung erneut überschwappte. »Zwei Punkte gibt es noch zu klären. Erstens: Es erfordert besondere Regeln, damit das gemeinsame Wohnen funktioniert. Wir haben eure Entscheidung vorausgeahnt und diese Regeln bereits in die neue Hausordnung aufgenommen. Lest sie euch also gut durch, lernt sie am besten auswendig! Wenn ihr sie nicht einhaltet, brechen wir den Versuch sofort ab. Verstanden?«

»Ja«, antworteten die Jungs und Mädchen im Chor.

»Und zweitens?«, fragte Natascha.

»Zweitens«, sagte die Internatsleiterin, während Frau Dombrowski begann die neue Hausordnung zu verteilen, »zweitens haben wir uns Gedanken darüber gemacht, wer mit wem in welchem Zimmer wohnt, und festgestellt, dass einiges umgeräumt und verändert werden muss. Die Schule beginnt erst am Mittwoch. Wir haben also morgen und am Dienstag dafür Zeit. Das bedeutet, dass alle außerhalb der Trainingszeiten hier bleiben, um zu helfen. Ist das auch klar?«

»Ja!«
»Gut, dann erkläre ich hiermit die Vollversammlung für beendet«, rief Frau Runge.
Jubelnd, feiernd und vor Begeisterung tanzend, strömten die Jungs und Mädchen aus dem Aufenthaltsraum. Und Ronny befand sich, wenn auch noch ein wenig skeptisch, mittendrin.

Sechs

»Das kannst du nicht machen«, sagte Patrick.
»Mann, ich bin aber müde!«, stöhnte Ronny.
»Schon?«, fragte Patrick spöttisch. »Es ist doch noch gar nicht so spät.«
Ronny zögerte. Er hatte einen harten Tag hinter sich. Nach der Vollversammlung hatte Patrick ihm die ganze Umgebung gezeigt: Die verschiedenen Sportanlagen, die Mensa, die Schule und die Ecken auf dem Pausenhof, wo nie ein Lehrer hinkam. Sie hatten sich auch die Höhle am See angesehen, die gar keine richtige Höhle war, sondern lediglich aus mehreren dicht zusammengewachsenen Ästen bestand. Aber sie erfüllte ihren Zweck. Sie war schwer zu erreichen und man konnte sie nur erkennen, wenn man kurz davor stand – doch wer sich darin aufhielt, hatte einen ungehinderten Blick auf einen großen Teil des Ufers.
Als sie zurückkamen, wartete schon Herr Reimann auf Ronny. Er hatte eine nagelneue Sporttasche mitgebracht, in der sich zwei Trikots, zwei komplette Trainingsanzüge und sogar Fußballschuhe in der richtigen Größe befanden. Trotzdem passten sie nicht richtig. Ronny schlug vor, dass er weiterhin seine eigenen be-

nutzen konnte. Doch das war nicht erlaubt. Die Schuhe kamen vom Sponsor des Vereins und mussten von allen Spielern getragen werden.
Ronny fand das blöd und sagte das auch. Doch damit war er bei Herrn Reimann an den Falschen geraten. Der Trainer war plötzlich gar nicht mehr so nett, sondern machte Ronny unmissverständlich klar, welche Pflichten er eingegangen war, als er sich im Sportinternat angemeldet hatte. Fast eine halbe Stunde redete er ununterbrochen über das Internat, SV Löwenstein und die sportlichen Ziele, wobei seine Stimme wieder freundlicher klang, nachdem Ronny sich entschuldigt hatte.
Als der Trainer sich verabschiedet hatte, brummte Ron-

ny schon wieder der Schädel von all den Informationen und den vielen Fragen, die er beantworten musste.

Doch damit nicht genug. Frau Runge beorderte ihn in ihr Büro, um ihm den Zimmerschlüssel zu geben und gemeinsam die wichtigsten Punkte der Hausordnung durchzugehen. »Das ist Pflicht«, hatte sie ungerührt gesagt, als Ronny protestieren wollte. Ergeben hatte er sich den Vortrag der Internatsleiterin angehört, den Empfang des Schlüssels quittiert und abschließend unterschrieben, dass er alles verstanden hatte und mit seiner Unterschrift versprach sich an die Hausordnung zu halten.

»Junge, hast du 'ne Sauklaue. Daran musst du aber noch arbeiten, bevor du als Fußballstar dein erstes Autogramm gibst«, hatte Frau Runge gemeint und ihn lachend in die Mensa zum Abendessen geschickt.

Endlich einen Augenblick Ruhe und etwas im Magen, hatte Ronny gedacht – auch wenn er sich nur schwer an den Geschmack der sehr gesunden, sehr ausgewogenen Kost gewöhnen konnte. Aber der Hunger trieb es hinein, denn er hatte ja bereits das Mittagessen verpennt.

Erschöpft, abgespannt und voll gestopft bis obenhin mit den vielen Eindrücken des ersten Tages, wollte er sich gleich nach dem Abendessen hinlegen. Doch er hatte keine Chance gehabt. Patrick zog ihn einfach mit sich und führte ihn durch das gesamte Internatsgebäude, vom Dachgeschoss, in dem die Oberstufenschüler sich einen eigenen Bereich geschaffen hatten, in dem die Jün-

geren gar nicht gern gesehen wurden, bis hinunter in den Keller.
Hier gefiel es Ronny am besten. Es gab einen riesigen Tischtennisraum mit zwei Platten und einem Kickertisch, einen Videoraum mit einem überdimensionalen Fernseher, zwei Bastelwerkstätten, eine Fahrradwerkstatt und etwas abseits gelegen auch noch einen Leseraum mit Sofas und sehr bequem aussehenden Sesseln, wobei die vielen Bücher, die in den Regalen bereitstanden, nicht unbedingt hier gelesen werden mussten, sondern auch auf das Zimmer mitgenommen werden konnten. Ronny entdeckte eine Horrorgeschichte, die er schon auf Video gesehen hatte, klemmte sich das Buch unter den Arm und wollte endlich zurück auf das Zimmer. Er war müde und sehnte sich nach Ruhe.
»Das kannst du nicht machen«, wiederholte Patrick unnachgiebig, »die warten doch alle auf dich.« Energisch schob er Ronny in den Klubraum, den Frau Runge damals, gleich nach der ersten großen Vollversammlung, mit den Jugendlichen zusammen eingerichtet hatte.
Patrick hatte übertrieben. Zwar beendeten einige abrupt ihre Gespräche, als die beiden den Raum betraten, und Ronny spürte auch vereinzelte Blicke, die ihn interessiert musterten, doch er selbst hatte nur Augen für den Klubraum.
Es war ein Treffpunkt der Extraklasse! Es gab eine richtige Bar mit einem breiten Spiegel, vor dem eine Unmenge Flaschen in den unterschiedlichsten Größen und Formen aufgereiht war, und einen Tresen, vor dem ech-

te Barhocker standen. Über der Tanzfläche, die von bunten Strahlern in ein flackerndes Licht getaucht wurde, hingen kleine, leistungsstarke Lautsprecher, aus denen stampfende Musik dröhnte. Und es gab jede Menge knutschdunkle Ecken, die auch von den Kerzen auf den Tischen kaum beleuchtet wurden.

»Nebenan kannst du Poolbillard und Dart spielen«, erklärte Patrick. Er deutete auf eine unscheinbare Tür neben dem Tresen, unter der ein schmaler Lichtstreifen in den dunklen Klubraum fiel.

»Wahnsinn!«, stöhnte Ronny und machte sich daran, alles auszuprobieren. Er spielte Billard, warf Pfeile auf die Dartscheibe, ließ sich von Patrick ohne große Gegenwehr auf die Tanzfläche ziehen und unterhielt sich sogar mit einem Mädchen, das Jenny hieß und sehr nett zu sein schien.

Erst als ein Sicherheitsmann, den Ronny noch nicht kannte, hereinkam, das grelle Licht einschaltete und den Abend für beendet erklärte, sah er auf seine Uhr und stürmte erschrocken die Treppen hoch, um von einer der beiden Telefonzellen in der Eingangshalle seine Eltern anzurufen.

»Kramer«, meldete sich die Stimme seines Vaters.

»Hallo, Papa, ich bin's«, antwortete Ronny und sprudelte sofort los – doch sein Vater unterbrach ihn.

»Sag mal, weißt du eigentlich, wie spät es ist? Hättest du nicht eher anrufen können? Deine Mutter ist schon ganz verrückt vor Sorge!«

»Tut mir Leid«, sagte Ronny geknickt. Eine kurze Pause

entstand, doch dann setzte sich seine gute Laune durch. Begeistert berichtete er, wie gut es ihm im Internat gefiel, wobei er die ersten Stunden nach seiner Ankunft wegließ. Auch den Beschluss der Vollversammlung erwähnte er nicht. Er hatte noch nie mit seinem Vater über Mädchen geredet und es war für Ronny unvorstellbar, jetzt damit anzufangen. Aber sein Vater verstand seine Begeisterung offensichtlich auch so und schien sich für ihn zu freuen.
Doch dann kam die Mutter ans Telefon. Sofort machte sie Ronny Vorwürfe, dass er sich erst jetzt meldete.
»Nun lass den Jungen doch in Ruhe, das habe ich ihm doch schon gesagt!«, hörte er seinen Vater im Hintergrund schimpfen und Ronny spürte sogar durch die Telefonlei-

tung die Spannung, die zu Hause herrschen musste. Er biss sich auf die Unterlippe und schwieg, als die Mutter ihm hundertmal versicherte, wie sehr sie ihn vermisste. Sie stellte tausend Fragen, die er nur einsilbig beantwortete, doch mit jeder Frage schwand seine gute Laune mehr und mehr. Als die Mutter fragte, wie er mit seinem Mitbewohner klarkam, und schließlich darüber klagte, wie leer die Wohnung ohne ihn war, und versprach, dass sein schönes, großes Zimmer immer für ihn bereitstand, sank seine Stimmung im Sturzflug auf den Nullpunkt.

»Ich muss Schluss machen, Mama«, rief er, versprach am nächsten Abend wieder anzurufen und hängte den Hörer auf die Gabel. All die Gedanken und Ängste, die er endlich vergessen hatte, waren wieder da. Sekundenlang stand er regungslos vor dem Telefon, bis er das Piepen vernahm und die Anzeige im Display las, die ihn aufforderte die Karte zu entnehmen.

Er zog die Telefonkarte aus dem Schlitz und schlich gedankenverloren durch die Eingangshalle, an dem fremden Sicherheitsmann vorbei, der seinen Platz am Empfang wieder eingenommen hatte und freundlich Gute Nacht wünschte.

»Gute Nacht«, murmelte Ronny automatisch, betrat den Fahrstuhl, fuhr in den dritten Stock und schlich in Gedanken versunken über den halbdunklen Flur zu seinem Zimmer.

Mechanisch kramte er den Schlüssel aus der Hosentasche, öffnete die Tür und stellte erleichtert fest, dass Patrick noch nicht da war.

Ronny beschloss auf das Waschen zu verzichten. Er zog die Hose und die Socken aus und suchte in dem immer noch nicht ausgepackten Koffer nach dem Schlafanzug. Doch auf die Schnelle fand er ihn nicht, also ließ er die Unterhose und das T-Shirt an, löschte das Licht, zog die Vorhänge zu und krabbelte unter die Bettdecke.
Wenige Minuten später wurde die Tür geöffnet, das schwache Licht vom Gang warf einen Schatten in das Zimmer.
»He, Ronny, bist du schon da?«, flüsterte Patrick. Er schaltete das Deckenlicht ein und löschte es sofort wieder, als er Ronny im Bett liegen sah.
»Bist du noch wach?«, fragte er leise.
Ronny hatte keine Lust sich zu unterhalten und stellte sich schlafend. Er röchelte, gab Schnarchgeräusche von sich und brabbelte irgendetwas vor sich hin, während er sich auf die Seite wälzte und die Wand anstarrte. Er hörte, wie Patrick sich auszog und ins Bett legte.
»Schläfst du echt schon?«, fragte Patrick noch einmal.
Ronny verhielt sich mucksmäuschenstill. Sekunden später hörte er Patrick ruhig und gleichmäßig atmen und er wusste, dass sein Zimmernachbar eingeschlafen war. Er wälzte sich wieder auf den Rücken, stopfte das Kissen in den Nacken, starrte nachdenklich an die Decke und wartete auf den Schlaf, der erst in den frühen Morgenstunden kam.

Sieben

Der erste Schultag nach den Sommerferien fiel auf den heißesten Tag, den Löwenstein seit Beginn der Wetteraufzeichnungen erlebt hatte. Die Quecksilbersäule des Thermometers kletterte auf 38,3° Celsius – im Schatten. Doch den gab es nicht! Die Sonne brannte gnadenlos vom wolkenlosen Himmel.

Ronny schlich auf dem schmalen Kiesweg vom Sportgymnasium zum Internat. Bei jedem Schritt stieg eine feine Staubwolke in die flirrende Luft. Die feuchte, schwüle Hitze machte ihm zu schaffen und steigerte noch seine Müdigkeit. Drei Nächte lang hatte er kaum geschlafen. Und tagsüber hatte er zusammen mit den anderen geschuftet.

Am Montag hatten sie mit Unterstützung des Hausmeisters der Schule und ein paar Lehrern, die schon aus den Ferien zurückgekehrt waren, einige Zimmer im dritten Stock leer geräumt und haufenweise Kisten und Kästen, in denen die Mädchen ihre Reichtümer und Habseligkeiten verstaut hatten, vom Mädchenflur eine Etage tiefer geschleppt. Da alle mithalfen, waren sie schnell fertig geworden.

Frau Runge hatte angeblich spontan eine Idee und

schlug vor – »wo sie doch schon mal dabei waren« – die riesige, triste Empfangshalle etwas freundlicher zu gestalten. Wie zufällig hatte die Internatsleiterin Dekorationsmaterial, ein paar Eimer Farbe, bereits zugeschnittene Vorhänge und ein paar gerahmte Poster in ihrem Auto mitgebracht. Die Jungs und Mädchen glaubten Frau Runge natürlich kein einziges Wort, aber das Aufräumen und Renovieren machte Spaß und so stürzten sie sich mit Feuereifer in die Arbeit.

Trotzdem waren sie bis zum Abendessen nicht fertig geworden, also musste es am Dienstag weitergehen mit der Verschönerungsaktion. Einige murrten zwar und keinem machte es so viel Spaß wie am ersten Tag, doch als sie am frühen Nachmittag fertig waren, stellten sie zufrieden fest, dass die Arbeit sich gelohnt hatte.

Die Eingangshalle war fast nicht wieder zu erkennen. Neben den Telefonzellen war eine Sitzgruppe aus zwei Ledersofas, drei passenden Sesseln und einem runden Tisch aufgebaut, die der Hausmeister der Schule noch im Keller stehen hatte. Die Möbel waren zwar auch nach dem Abstauben noch furchtbar hässlich, aber sie sahen auf alle Fälle besser aus als das riesige Nichts, das vorher die Empfangshalle beherrscht hatte. Außerdem waren die Sessel saubequem. Um die Sitzgruppe herum, in den Ecken, selbst auf dem Tresen der Sicherheitsleute standen Grünpflanzen, die ein Gärtner aus der Nachbarschaft gespendet und mit seinem klapprigen Lastwagen selbst angeliefert hatte. Vor den Fenstern hingen leuchtend rot-orangefarbene Vorhänge und die ehemals kahlen Wände zierten bunte Bilder und eine große, anschauliche Hinweistafel mit einem Wegweiser durch alle Stockwerke.

Schnaufend schleppte Ronny sich in die Empfangshalle, in der es allerdings kaum kühler war. Der Anblick des neu gestalteten Raumes entlockte ihm nicht mehr als ein müdes Lächeln, obwohl auch Ronny die Renovierung viel Spaß gemacht hatte und er zudem dabei einige an-

dere Bewohner des Internates kennen lernen konnte. Doch die Hitze war einfach mörderisch. Der Schweiß lief in Bächen die Schläfen hinunter, die Kleider klebten am feuchten Körper. Ronny wünschte sich nichts sehnlicher als eine erfrischende, eiskalte Dusche.

»Guten Tag, Herr Hartmann«, begrüßte er den Sicherheitsmann,

der wie immer mit hochgeschlossenem Hemd, Krawatte und dunklem Jackett hinter dem Empfangstresen saß.
»Schwitzen Sie gar nicht?«
»Schwitzen ist was für Weiber und Schwächlinge, Kramer«, knurrte Herr Hartmann, ohne sich die Mühe zu machen Ronny anzusehen. »Ich hab's mir abgewöhnt.«
»Ach, das geht?«, fragte Ronny verwundert und beeilte sich an dem merkwürdigen Mann mit der unheimlichen Ausstrahlung vorbeizukommen. Er hatte sich schon zweimal vorgenommen ihn wegen der Geschichten zu befragen, die er am Tag der offenen Tür angedeutet hatte. Doch beide Male traute er sich nicht. Herr Hartmann hatte irgendwie etwas Einschüchterndes an sich.
Ronny rief den Fahrstuhl und wartete, bis ihm einfiel, dass der Lift endgültig kaputt war. Markus hatte am Montag die glorreiche Idee gehabt einen Teil des Umzugs vom vierten in den dritten Stock per Aufzug zu erledigen. Er versuchte einen Sessel, der 1,05 Meter breit war, durch die einen Meter breite Öffnung des Fahrstuhls zu zwängen. Der Erfolg war überwältigend: Der Sessel verklemmte sich so fest in dem offenen Fahrstuhl, dass er sich weder vor- noch zurückbewegen ließ. Zu allem Überfluss rutschte Markus bei dem Versuch, das Möbel wieder herauszuziehen, ab und flog zwei Meter rückwärts. Seitdem lag er mit einer schmerzhaften Steißbeinprellung im Bett und der Fahrstuhl hing sinnlos im vierten Stock fest.
Ronny stapfte die Treppen hoch und dachte an Markus'

Katastrophen, die natürlich alle am Abend im Klubraum genüsslich erzählt worden waren. Die Geschichte mit Natascha hatte ihm am besten gefallen und er musste grinsen, als er sich die Szene bildhaft vorstellte.

»Hallo Ronny«, wurde er von Frau Dombrowski begrüßt. »Du kommst ja früh.«

»Hitzefrei«, schnaufte er.

»Na, und wie war der erste Schultag?«

»Ganz okay«, sagte er und lehnte sich in den Türrahmen zur kleinen Küche.

Frau Dombrowski war nicht mehr ganz jung, nicht mehr ganz schlank und redete nur selten. Deshalb wirkte sie auf den ersten Blick ziemlich streng. Doch wer einen zweiten riskierte, merkte schnell, dass hinter der rauen Fassade ein gutmütiger Mensch steckte.

»Was zu trinken?«, fragte sie.

»Ja«, antwortete Ronny, »aber ich hab noch eine Flasche im Zimmer.«

»Egal. Bei der Hitze musst du viel trinken. Ist gut für dich.« Die Erzieherin nahm eine Flasche Mineralwasser aus einer der Kisten, die jeden Monat von einem Getränkegroßhandel gespendet wurden, und drückte sie ihm in die Hand.

»Danke«, sagte Ronny, drehte den Verschluss ab und ließ das kühle Wasser die ausgetrocknete Kehle hinablaufen. Er schaffte fast die ganze Flasche auf ex.

»Wenn du jetzt rülpst, knall ich dir eine!«, drohte Frau Dombrowski.

Ronny schluckte das Bedürfnis, aufstoßen zu müssen,

rasch hinunter. Die Erzieherin sah aus, als würde sie ihre Drohung, ohne zu zögern, umsetzen.

»So ist es brav«, sagte sie wie zu einem Hund und winkte Ronny in die Küche. »Komm, setz dich zu mir und erzähl! Wie war es in der Schule?«

»Leer«, antwortete Ronny lachend, doch er kam ihrer Aufforderung nicht nach und blieb in der Tür stehen. »Wir waren nur zu elft in der Klasse.«

»In welcher bist du?«

»7c.«

»Ach, die Leichtathletik- und Volleyball-Klasse«, nickte Frau Dombrowski.

Dass seine Klasse so genannt wurde, hatte Ronny auch schon erfahren. Die Schule war riesengroß. Es gab allein sechs siebte Klassen, weil nicht nur die Bewohner des Internats unterrichtet wurden, sondern auch viele sportbegeisterte Jugendliche aus Löwenstein und Umgebung. Die Schüler waren nicht bewusst nach Sportarten auf die Klassen verteilt worden, aber trotzdem ergab es sich manchmal, dass eine oder zwei Sportarten besonders zahlreich vertreten waren. In Ronnys Klasse gingen sieben Leichtathleten, drei Jungs und vier Mädchen, und es gab sogar acht Volleyballer, vier Jungs und vier Mädchen. Doch die Leichtathleten waren bereits dienstags am frühen Morgen zu einem Junioren-Länderkampf gefahren und die Volleyballer hatten sich heute Morgen auf den Weg zu einem Intensivtraining gemacht.

Ronny hatte bereits beim Frühstück in der Mensa gemerkt, dass einige fehlten, doch er hatte sich nichts dabei gedacht. Im Unterricht hatte er dann mitbekommen, warum die Schule »Sportgymnasium« hieß: Der Sport hatte eindeutig Vorrang. Jeder hatte sechs Stunden Sport in der Woche und die Unterrichtsinhalte waren mit den Vereinstrainern abgestimmt. Außerdem wurden die Schüler vom Unterricht befreit, wann immer Wettkämpfe oder Trainingseinheiten angekündigt waren.

Das hört sich nicht schlecht an, hatte Ronny gedacht, bis Herr Berger, sein neuer Klassenlehrer, erklärt hatte, dass für die zurückbleibenden Schüler der Unterricht natürlich im selben Tempo weiterging und die anderen den versäumten Stoff irgendwie nachholen mussten. Das wiederum klang nach sehr viel selbstständiger Arbeit und Ronnys anfängliche Begeisterung legte sich schnell wieder.

»Was ist, willst du mir nicht ein wenig Gesellschaft leisten?«, forderte die Erzieherin Ronny noch einmal auf sich zu ihr an den Tisch zu setzen.

Ronny schüttelte den Kopf und zog mit spitzen Fingern an dem T-Shirt, das immer noch an seiner Brust klebte. »Ich will lieber erst einmal duschen«, meinte er.

»Das kannst du vergessen«, sagte Frau Dombrowski und deutete auf die Küchenuhr. »Jetzt ist Mädchenzeit.«

»Scheiße«, murmelte Ronny.

Frau Runge hatte an die Tür des einzigen Waschraums im dritten Stock gleich nach dem Umzug der Mädchen ein nicht zu übersehendes Plakat gehängt, auf dem unmissverständlich geschrieben stand, wann die Jungs und zu welcher Zeit die Mädchen den Raum betreten durften. Das war eine der neuen Regeln, an die sich alle halten mussten, solange im Duschraum noch keine Zwischenwand gezogen und keine zweite Tür vorhanden war. Wer sich nicht an die Regel hielt, wurde mit einer Ab-

mahnung bestraft. Das war eine der Bedingungen des Jugendamtes gewesen, bevor es sich mit dem Versuch des Wohnens auf einem Flur einverstanden erklärt hatte.

»Und wenn gerade kein Mädchen duscht?«, fragte Ronny.

»Keine Chance«, sagte die Erzieherin unnachgiebig.

»Scheiße«, wiederholte Ronny. Er verabschiedete sich, schulterte die Schultasche und ging zu seinem Zimmer.

Es sah chaotisch aus. Ronny hatte sich immer noch nicht dazu durchringen können, den Koffer auszupacken. Stattdessen wühlte er jeden Morgen darin herum, bis er die passenden Klamotten gefunden hatte. Immerhin hatte er inzwischen den Schlafanzug entdeckt. Doch Patrick meinte, Schlafanzüge seien etwas für Kleinkinder, und da er deshalb keinen anzog, verzichtete Ronny auch auf seinen und legte sich weiterhin mit T-Shirt und Unterhose ins Bett. Die getragenen Sachen flogen irgendwo in der Gegend herum, das Bett war zerwühlt und auf seinem Schreibtisch lag alles kreuz und quer durcheinander.

Ronny ekelte sich. Zu Hause hatte er sein Zimmer stets einigermaßen sauber gehalten. Ohne lange nachzudenken, begann er den Koffer auszupacken und das Zimmer aufzuräumen. Als Letztes zog er noch die Bettwäsche ab, die das Internat zur Verfügung stellte, und bezog die Decke und das Kissen mit seiner eigenen Wäsche, die er von zu Hause mitgebracht hatte.

Die Arbeit war schneller beendet, als Ronny befürchtet hatte. Trotzdem war er geschafft. Die Sonne lugte bereits um die Ecke und schickte eine Gluthitze durch die geöffnete Balkontür in das Zimmer. Ronny beschloss sich auszuruhen, bis wieder Jungs-Duschzeit war. Er zog das Laken glatt, schüttelte die Decke auf und wollte sich gerade ins Bett legen, als er den Zettel entdeckte, der auf seinem Schreibtisch lag.

Bin in der Höhle, warte auf dich!, lautete Patricks Nachricht, der in einer anderen Klasse als Ronny war und offensichtlich noch früher Schulschluss gehabt hatte.

Tolle Idee, dachte Ronny und wunderte sich, warum er nicht selbst daran gedacht hatte, sich im See abzukühlen. Aber so verwunderlich war es andererseits auch wieder nicht. Menschliche Gehirne hörten wahrscheinlich bei über 30° Celsius auf zu funktionieren. Weshalb sonst gab es in der Schule hitzefrei?!

Ronny zog seine Badehose an, nahm ein frisches T-Shirt und ein Handtuch aus dem Schrank, holte die letzte Flasche Wasser vom Balkon, die noch im Schatten stand und erfreulich kühl war, und machte sich auf den Weg.

Patricks Höhle lag am Ufer, ungefähr fünfzig Meter vom Strand entfernt, und war wirklich schwer zu erreichen. Am einfachsten war es über den Seeweg, doch das Wasser war teilweise mehr als drei Meter tief und Ronny wollte trocken ankommen.

Also folgte er dem Landweg, der zum Strand führte, doch schon nach wenigen Schritten sah er sich gewissenhaft um, ob ihn auch niemand beobachtete, und schlug sich seitlich in die Büsche. Zum Glück hatte er sich die richtige Stelle gemerkt. Patrick hatte den Weg kaum erkennbar mit seinem Taschenmesser markiert und Ronny jubelte stumm, als er die erste Markierung entdeckte.

Der Weg war richtig – aber es war schwer, voranzukommen. Er musste über einen umgestürzten Baum klettern, schlängelte sich vorsichtig zwischen zwei Büschen mit spitzen und scharfkantigen Dornen hindurch, bog einen nach dem anderen Ast zur Seite und passte die ganze Zeit auf, dass er keinen Lärm machte, der ihn verraten konnte.

Plötzlich war der schmale Trampelpfad zu Ende. Zwei mächtige, fast auf der Erde liegende Bäume versperrten den Weg. Drüberklettern, dachte Ronny, doch die vielen Äste waren so ineinander verwachsen, dass es unmöglich war, an ihnen vorbeizukommen. Er wusste nicht weiter und dachte schon daran, nach Patrick zu rufen, als ihm im letzten Moment einfiel, dass er unter den Bäumen durchkriechen musste.

Ronny betrachtete seufzend das gerade eben sauber aus dem Kleiderschrank entnommene T-Shirt, stellte fest, dass es den Weg durch die Büsche sowieso nicht heil überstanden hatte, und ließ sich zu Boden gleiten. Mit den Händen tastete er nach der Kuhle, atmete tief aus, um seinen Bauch dünner zu machen, und krabbelte entschlossen los, mit dem Kopf voran.

Es war einfacher, als es ausgesehen hatte. Nach wenigen

Sekunden steckte Ronny auf der anderen Seite der mächtigen Bäume die Nase in die frische Luft. Er schob seine Arme nach vorn, krallte sich an einer Baumwurzel fest und zog sich schwungvoll aus dem Loch heraus.
Doch plötzlich hörte er ein Geräusch, das wie zerreißender Stoff klang. Gleichzeitig durchzuckte ihn ein höllischer Schmerz!
»Verdammt!«, fluchte er laut.
»Psst!«, machte Patrick ganz in seiner Nähe. »Willst du etwa, dass wir entdeckt werden?!«
»Hilf mir!«, rief Ronny. »Ich hänge fest.«
Patrick war sofort zur Stelle. Mit den Händen schaufelte er die sandige Erde unter Ronnys Körper weg, drückte und schob ihn und nach wenigen Augenblicken hatte er ihn befreit.
»So ein Mist!«, schimpfte Ronny leise. Sein Hintern brannte wie Feuer.
»Lass mal sehen!«, meinte Patrick. Er ging

um Ronny herum und fing an zu kichern. »Die Badehose kannst du vergessen«, meinte er.
»Wieso?«, fragte Ronny verärgert. Er fasste nach hinten – und spürte nur blanke Haut!
»Deine rechte Arschbacke hat Ausgang«, lachte Patrick. »Wahrscheinlich bist du irgendwo hängen geblieben. Die Badehose ist von oben bis unten aufgerissen. Aber du hast noch Glück gehabt, dein Hintern ist nur ein bisschen gerötet.«

Ronny humpelte zwischen zwei Büschen hindurch zum Eingang der Höhle und legte sich bäuchlings auf die Decke, die Patrick mitgebracht hatte.

»Es tut ganz schön weh«, jammerte er.

»Vielleicht hast du dich ja doch verletzt«, meinte Patrick. »Los, zieh die Badehose aus!«

Ronny drehte sich empört um. »Du spinnst wohl?!«, knurrte er und zeigte Patrick einen Vogel.

»Ich will nachsehen, ob du blutest. Wenn, dann muss die Wunde gereinigt werden, sonst entzündet sie sich«, sagte Patrick ungerührt. »Hast du das etwa nicht im Sportunterricht gelernt?«

»Doch, klar«, gab Ronny zu.

»Na also. Und jetzt zieh endlich die Hose aus! Keine Angst, ich guck dir schon nichts weg.«

»Dreck!«, murmelte Ronny. Aber er wusste, dass Patrick Recht hatte. Seufzend befreite er sich umständlich von dem Stofffetzen, der einmal seine Badehose gewesen war. Wütend knotete er den Stoff zusammen und schleuderte ihn weit weg, mitten in ein dichtes Dornengestrüpp.

»Das hätte ich nicht gemacht«, meinte Patrick.

»Warum nicht?«, fragte Ronny. »Sie war doch kaputt!«

»Für den Rückweg hätte sie es aber noch getan!«

»Oh, verdammt!«, stöhnte Ronny. »Und jetzt?«

»Uns wird schon was einfallen, noch gehen wir ja nicht zurück.«

»Ach, was soll ich denn noch hier?«, maulte Ronny. »Ich bin zum Baden hergekommen.«

»Ja, das kannst du doch auch.« Patrick klatschte eine Hand auf Ronnys linke Hinterbacke. »Alles in Ordnung, von mir aus können wir ins Wasser gehen.«

»Aber . . . wie denn?« Ronny deutete zu dem Dornenbusch, wo seine Exbadehose in unerreichbarer Höhe baumelte. »Wie soll ich ohne Badehose baden?«

»Na, ohne eben«, sagte Patrick, als sei es das Selbstverständlichste von der Welt.

»Du meinst – nackt?!«, stammelte Ronny.

»Ja, warum nicht? Das hab ich im letzten Sommer einige Male gemacht. Ist ein tolles Gefühl und hier sieht dich doch keiner.«

»Ach, und was ist mit dir?«, fragte Ronny zynisch.

»Ich?«, lachte Patrick. »Ich sehe dich spätestens nachher unter der Dusche nackt, nach dem Training. Außerdem wohnen wir auf einem Zimmer, schon vergessen? Da wird sich das auf die Dauer auch nicht vermeiden lassen.«

»Stimmt schon«, gab Ronny zögernd zu. »Aber . . .«

»Aber was? Hier badet öfter jemand ohne, vor allem abends«, unterbrach Patrick. Er zögerte einen Moment und gestand dann: »Wenn du wüsstest, wen ich von hier aus schon alles beobachtet habe!«

»Auch Mädchen?«

»Haufenweise Mädchen!« Patrick strahlte. »Letztes Jahr habe ich sogar Frau Grimm gesehen, unsere ehemalige Leiterin. Aber das war kein so schöner Anblick.«

»Wow!«, machte Ronny und zitterte vor Aufregung.

»Was ist?« Patrick erhob sich und zog ganz locker seine Badehose aus. »Gehen wir jetzt ins Wasser?«

Im selben Moment fegte ein Sturm durch Ronnys Körper. Er schloss die Augen und sah plötzlich Mädchen vor sich. Welche, die er kannte, und auch fremde, die ihm irgendwann auf der Straße oder sonst wo begegnet waren. Und keine von ihnen hatte auch nur einen Fetzen Stoff am Leib. Ein warmes, kribbelndes Gefühl machte sich in ihm breit.

»Jetzt komm schon!«, rief Patrick, der bereits mit den Füßen im Wasser stand.

Ronny schreckte aus seinen Phantasien. Er spürte, dass sie Wirkung zeigten, und wünschte sich auf eine einsame Insel.

»Mach doch, was du willst«, sagte Patrick. »Ich geh jetzt schwimmen.«

Ach, was soll's , dachte Ronny, bevor ich nie ins Wasser komme . . .
Er zog das T-Shirt aus und erhob sich genau in dem Moment, als Patrick auftauchte und sich suchend umdrehte.
»Ui!«, sagte er und kicherte: »Bloß gut, dass hier keine Mädchen sind!«
»Arschloch!«, schrie Ronny und sprang mit Anlauf in das angenehm kühle Wasser, in dem sich sein »kleines Problem« von selbst erledigte.

Acht

»Mann, bin ich k.o.!«, stöhnte Patrick.
»Und ich erst!« Ronny spürte jeden einzelnen Muskel in seinem Körper, während er langsam neben Patrick über den Sportplatz zum Ausgang schlich.
»Ich hätte nie gedacht, dass Herr Reimann gleich beim ersten Training nach der Sommerpause voll einsteigt.« Patrick stoppte und holte eine Wasserflasche aus seiner Sporttasche. Er nahm einen großen Schluck und reichte sie an Ronny weiter. »Zumal es immer noch so warm ist.«
Ronny nickte und sah nach oben. Die drückende Schwüle war seit dem Mittag noch schlimmer geworden. Dicke schwarze Wolken hingen regenschwer in der Luft, soweit er sehen konnte.
»Wir müssen uns beeilen«, meinte er. »Da zieht ein heftiges Gewitter auf.«
»Stimmt, man kann fast riechen, dass es heute noch knallt«, sagte Patrick, während er die Flasche zurück in die Sporttasche legte. »Ich will nicht nass werden. Außerdem hab ich Hunger.«
»Also los«, sagte Ronny.
Der Weg war nicht weit, über ihren Köpfen braute sich

ein Unwetter zusammen und in der Mensa wartete das Abendessen. Die beiden Jungs legten ein ordentliches Tempo vor, trotz ihrer geschundenen Knochen.

»Sag mal, wie fandest du das Training?«, wollte Patrick wissen, als das Internat schon in Sichtweite war.

»Gar nicht schlecht«, antwortete Ronny zurückhaltend. In Wahrheit war er von dem Training total begeistert. Die Mannschaft hatte ihn freundlich aufgenommen und Herr Reimann hatte die neunzig Minuten sehr abwechslungsreich gestaltet. Neu war für Ronny, dass nicht alle dieselben Übungen machten. Der Trainer hatte das Spielfeld in vier Bereiche aufgeteilt und in jedem Abschnitt wurde etwas anderes gemacht. Kondition, Beweglichkeit, Ausdauer, Spieltaktik und Balltechnik – der Trainer kannte offenbar für jeden Bereich eine Menge verschiedener Übungen. Nur eines hatte Ronny ganz und gar nicht gefallen.

»Aber ich fand es nicht so gut, dass ich beim Abschlussspiel in der Gurkentruppe mitkicken musste«, beschwerte er sich.

»Gurkentruppe?« Patrick lachte höhnisch. »Es gibt bestimmt eine Menge Vereine, die sich riesig freuen würden, wenn sie so gute Spieler hätten!«

»Ja, ist ja schon gut«, wiegelte Ronny ab. »Ich hab mich halt geärgert. Ich bin schließlich hergekommen, weil ich Fußball spielen will, und nicht, um an der Seite zu sitzen!«

»Jeder im Sportinternat ist hergekommen, weil er Profi werden will«, sagte Patrick. »Oder zumindest Leistungssportler. Aber das wirst du nicht von einem Tag auf den anderen.«

»Das weiß ich«, meinte Ronny. »Ich muss bestimmt noch eine Menge lernen und haufenweise trainieren. Trotzdem bin ich kein Ersatzspieler!«

»Stimmt«, bestätigte Patrick. »Du bist gut. Aber der Prinz ist auch nicht schlecht und schon seit einem Jahr unser Spielmacher. An deiner Stelle würde ich das ganz locker sehen. Die Saison hat doch noch nicht einmal begonnen. Hab Geduld! Häng dich beim Training richtig rein!«

»Noch mehr?«, stöhnte Ronny.

»Noch viel mehr«, lachte Patrick. »Nur so hast du eine Chance den Prinz zu verdrängen.«

»Wieso wird der eigentlich Prinz genannt?«, fragte Ronny. »Heißt der so mit Nachnamen?«

»Nein. Sein Vater ist angeblich der König von einem Dorf irgendwo in Afrika«, erklärte Patrick. »Na ja, und als Sohn eines Königs ist er natürlich der Prinz.«

»Das klingt logisch«, meinte Ronny. »Aber stimmt das auch?«

»Keine Ahnung«, sagte Patrick. »Der Prinz ist hier geboren, der war noch nie in Afrika. Und auch seine Eltern leben schon lange hier. Die haben einen Gemüseladen in Löwenstein, mit echt leckeren Sachen.«

»Hör auf, ich hab Hunger!«, jammerte Ronny.

»Stell dich nicht so an, wir sind ja gleich da!«, sagte Patrick.

Wenig später erreichten sie das Internatsgebäude, has-

teten die Treppen hoch und stellten die Taschen ordentlich in ihrem Zimmer ab. Ronnys Aufräumaktion sollte wenigstens einen Tag Bestand haben.
Von draußen war leise grummelnder Donner zu hören.
»Ist wohl besser, wenn wir die Balkontür schließen«, meinte Ronny und eilte durch das Zimmer, um den Plan gleich in die Tat umzusetzen.
Im selben Moment zuckte ein mächtiger Blitz über den schwarzen Himmel und nur Sekundenbruchteile später knallte es, als würde das Gebäude zusammenbrechen. Ein heftiger Wind kam auf und peitschte dicke Regentropfen an die Fensterscheiben.
»Wow«, sagte Ronny und starrte beeindruckt hinaus.
»Jetzt komm endlich!«, drängelte Patrick. »Ich habe Hunger.«
»Geh doch schon vor!«, sagte Ronny. Eine Weile betrachtete er noch das atemberaubende Naturschauspiel und folgte Minuten später Patrick in die Mensa.
Eine halbe Stunde später waren beide pappsatt. Mittlerweile hatte Ronny sich nicht nur an das Essen gewöhnt, es schmeckte ihm sogar richtig gut. Er steckte den letzten Bissen in den Mund und schob zufrieden den Teller in die Tischmitte.
Patrick sprang auf. »Kommst du noch mit in den Klubraum?«
»Ja«, sagte Ronny. »Aber ich will erst noch meine Eltern anrufen.«
»Dann bis gleich.« Patrick verschwand in Richtung Keller, während Ronny zu den Telefonzellen eilte.

Mist, beide besetzt, stellte er fest, als er im Laufschritt die Empfangshalle erreichte. Er ging zu den Ledersofas, doch bevor er sich hinsetzen konnte, wurde eines der beiden Telefone frei. Ronny nahm den Hörer ab und wollte sein Portmonee herausholen, in dem die Telefonkarte steckte. Doch seine Hosentaschen waren leer.
»Dreck«, fluchte er, als ihm einfiel, dass die Geldbörse noch in der Sporttasche war, wo er sie vor dem Training verstaut hatte.
»Kann ich dir helfen?«, fragte eine Stimme neben ihm.
Ronny fuhr herum – Sebastian stand direkt vor ihm und hielt ihm lächelnd seine Telefonkarte entgegen.
»Nimm schon!«, sagte Sebastian.
»Wieso . . .«, fragte Ronny stotternd. Seit er im Sportinternat eingezogen war, hatte er das Gefühl, dass Sebastian ihn nicht leiden konnte. Aber wie kam es dann, dass er plötzlich so freundlich war? Ob Frau Runge ihn sich vorgeknöpft hatte?

»Ist schon okay«, sagte Sebastian. »Wäre doch blöd, wenn du erst nach oben laufen musst, um deine zu holen.«

»Ja, stimmt«, murmelte Ronny. Ein unbehagliches Gefühl beschlich ihn. Doch er hatte tatsächlich keine Lust nach dem anstrengenden Training und auch noch mit vollem Bauch

die Treppen bis in den dritten Stock hochzulaufen. Also nahm er die Telefonkarte und schob sie in den Schlitz.

»Da sind noch 46 Mark 80 drauf«, stellte er fest.

»Ja, die habe ich heute erst bekommen«, bestätigte Sebastian.

»Wenn du einen Augenblick wartest, kriegst du sie gleich wieder«, sagte Ronny. »Es dauert nicht lange.«

»Ach nee, lass mal!«, sagte Sebastian lässig. »Es reicht, wenn du mir sie morgen wiedergibst.«

»Na ja, wenn du meinst.« Ronny drehte sich zum Telefon und tippte die Nummer seiner Eltern in die Tasten. »Ich merk mir, was ich verbraucht habe, und gebe dir das Geld morgen mit der Karte zurück, okay?«

»Okay«, sagte Sebastian und verschwand mit einem breiten Grinsen im Gesicht.

Ronnys Unbehagen wuchs. Der führt doch was im Schilde, dachte er, doch dann meldete sich sein Vater, und als Ronny zehn Minuten später im Klubraum auftauchte, hatte er die Begegnung mit Sebastian schon fast wieder vergessen.

Patrick wartete im Billardraum. Er besetzte den Tisch, im wahrsten Sinne des Wortes. Als Ronny hereinkam, sprang er herunter, nahm einen Queue und wollte anstoßen.

»Können wir mitspielen?«, fragte eine weibliche Stimme.

Patrick setzte ab und drehte sich aufreizend langsam um. »Die Frage ist: Könnt ihr überhaupt spielen?«, sagte er keck und grinste Ramona an.

»Vielleicht besser als du«, sagte Ramona nicht weniger angriffslustig.

»Das will ich sehen.« Patrick reichte ihr seinen Queue und deutete auf Ronny. »Wir beide gegen euch – ihr dürft anstoßen.«
»Okay, Jungs, macht euch auf etwas gefasst!« Ramona beugte sich vor, legte ihre linke Hand hinter der weißen Kugel auf das grüne Tuch, führte den Queue gekonnt zwischen dem Daumen und dem Zeigefinger, holte aus und stieß zu. Die fünfzehn bunten Kugeln sprangen auseinander und verteilten sich über die ganze Spielfläche. Zwei rollten sogar in ein Loch.
»Nicht schlecht«, lobte Patrick beeindruckt. »Leider waren das eine Ganze und eine Halbe – wir sind dran.«
Er nahm den Queue, kreidete die Spitze und ließ die Kugeln über den Billardtisch tanzen. Er war der beste Spieler und hatte das Internatsturnier im Frühjahr gewonnen, obwohl sogar alle aus der Oberstufe daran teilgenommen hatten.
Die Mädchen hatten keine Chance, denn auch Ronny spielte nicht schlecht. Nach nur wenigen Minuten versenkte er die schwarze Acht im richtigen Loch und die Jungs hatten gewonnen.
»Noch mal?«, fragte Ramona und schlug vor die Teams zu wechseln. »Patrick und ich gegen euch beide.«
»Okay«, sagte Ronny, nahm das Dreieck und baute die Kugeln wieder auf.
Es war das Einzige, was er in den nächsten Minuten sagte. Auch Jenny blieb stumm. Patrick und Ramona redeten dafür umso mehr. Sie alberten herum, kicherten die

ganze Zeit und schienen das Billardspiel nicht besonders ernst zu nehmen.
»Du bist dran«, sagte Ronny nach einem Fehlversuch und reichte Ramona den Queue.
Doch im selben Moment erklang von draußen ein neues Lied.
»Ah, das ist mein absoluter Lieblingssong!«, kreischte Ramona. »Komm, wir tanzen!« Sie packte Patrick am Arm und zog ihn mit sich.
Ronny und Jenny blieben allein im Billardraum zurück. Schweigend.
»Tanzt du auch?«, fragte Jenny nach schier endlos scheinenden Sekunden.
Ronny zuckte hilflos mit den Schultern. »Okay«, brummte er schließlich und ging mit ihr auf die Tanzfläche im Klubraum.
Es war ein langsames Lied. Zuerst tanzten sie auseinander, doch nach wenigen Takten kam Jenny näher, schlang ihre Arme um Ronnys Hals und schmiegte ihren Kopf an seine Schulter.
Ronny legte seine Arme um ihre Taille. Er spürte ihren Körper, roch den Duft ihres Haares und begann wie ein Schneemann in der Frühlingssonne dahinzuschmelzen. Ein wohliger Schauer durchfuhr ihn, von den Haarspitzen hinab bis zu den Fußnägeln. Wahnsinn! Er hatte das Gefühl, als ob ein Feuerwerk in seinem Körper abgebrannt wurde. In seinem Bauch prickelte es ganz wunderbar und die Füße spürte er schon längst nicht mehr. Ronny schwebte!

Langsam zog er Jenny dichter an sich heran, bis kein Blatt Papier mehr zwischen sie gepasst hätte. Über ihre Schulter fing er einen Blick von Patrick auf, der mit Ramona genauso eng tanzte. Sein Zimmerkumpel grinste breit, zwinkerte ihm zu und streichelte dabei Ramonas Rücken.
Gute Idee, dachte Ronny und ließ vorsichtig seine Hand über Jennys Rücken wandern.
»Mmh«, schnurrte sie in sein Ohr.
Ronny hätte ein Leben lang so weitertanzen können. Doch schnell, viel zu schnell war das Lied zu Ende. Pitt, der an dem Abend die CDs auflegte, hatte offenbar et-

was gegen eng tanzende Pärchen und spielte nach dem Schmusesong ein völlig hektisches HipHop-Stück.

Ronny und Jenny versuchten die Musik zu ignorieren und einfach weiterzutanzen, aber sie hielten nur ein paar Takte durch. Ronny warf Pitt einen bösen Blick zu und ging mit Jenny in eine der dunklen Ecken.

Aneinander geschmiegt saßen sie nebeneinander. Doch plötzlich fühlte Ronny sich unwohl. Er grübelte, worüber er mit Jenny reden sollte. Aber sosehr er auch nachdachte, ihm fiel nichts Gescheites ein.

Plötzlich wurde die Tür aufgestoßen und Herr Hartmann schaltete rücksichtslos das grelle Licht ein.

»He, was soll das?«, beschwerte sich jemand zaghaft.

»Ruhe!«, brüllte der Sicherheitsmann. »Ronald Kramer und Patrick Meisner, sind die hier?!«

»Ja?«, antworteten beide wie aus einem Mund.

»Mitkommen«, befahl Herr Hartmann. »Na los, wird's bald?!«

Ronny und Patrick sahen sich verwundert an. Aber es blieb ihnen nichts anderes übrig: Sie folgten dem Sicherheitsmann vor die Tür. Herr Hartmann brachte sie, ohne ein weiteres Wort zu sagen, in den dritten Stock und lieferte sie im Büro bei Frau Runge ab, die Nachtdienst hatte. Doch dort wartete nicht nur die Internatsleiterin – Sebastian und Tom saßen auf dem Sofa und wirkten sehr aufgebracht.

»Was ist denn los?«, fragte Ronny und spürte, wie sich das Unbehagen wieder in ihm breit machte.

»Es geht um einen schlimmen Verdacht«, sagte Frau

Runge. »Sebastian behauptet, dass ihm etwas gestohlen wurde und dass nur einer von euch beiden als Täter in Frage kommt.«

»Was?!«, schrie Patrick aufgebracht und starrte Sebastian fassungslos an. »Bist du bescheuert?«

»Hier ist niemand bescheuert!«, ging die Internatsleiterin energisch dazwischen. »Tatsache ist, dass Sebastian heute mit der Post von seinen Eltern eine Telefonkarte bekommen hat. Tom kann das bestätigen. Diese Telefonkarte lag auf dem Tisch im Zimmer. Jetzt ist sie verschwunden.«

So ein Arschloch! So ein mieses, hinterhältiges Arschloch!, dachte Ronny. Ihm wurde übel, die Beine gaben nach. Er krallte sich an der Stuhllehne neben sich fest, damit niemand etwas bemerkte. Plötzlich wusste er, warum Sebastian so überfreundlich gewesen war. Er hatte ihm eine Falle gestellt, aus der es kein Entkommen gab. Ronny schwieg resigniert. Was sollte er auch sagen?! Er hatte das angebliche Diebesgut, also war er der Täter. So einfach war das.

»Und wie sollen wir an die Karte gekommen sein?«, fragte Patrick und lachte höhnisch. Er hielt das Ganze für einen schlechten Scherz.

»Über den Balkon«, sagte Sebastian.

»Euer Zimmer liegt genau neben dem von Sebastian und Tom«, erklärte Frau Runge. »Es ist nicht schwer, von einem Balkon auf den anderen zu kommen, das habt ihr alle schon mehr als einmal ausprobiert. Der Verdacht ist also nicht unbegründet und deshalb wer-

den wir jetzt zuerst euch und dann euer Zimmer durchsuchen.«
Scheiße, dachte Ronny. Er fühlte sich, als ob ihm ein Boxer einen Tiefschlag verpasst hätte, ohnmächtig und hilflos.
Er hob den Kopf und sah Sebastian an. Warum?, fragte sein Blick. Warum tust du das? Was habe ich dir getan?
Sebastian grinste triumphierend.
Ronny spürte, dass er keine Chance hatte. »Sie brauchen uns nicht zu durchsuchen«, sagte er mit leiser Stimme, während er in die hintere Hosentasche langte und die Telefonkarte herausholte. »Hier ist sie. Aber glauben Sie mir, es ist ganz anders, als Sie denken.«

Neun

»He Patrick, bist du noch wach?«, fragte Ronny in das Dunkel des Zimmers.
Das Gewitter hatte sich gelegt, doch noch immer regnete es aus den dicken Wolken am Himmel, an dem kein einziger Stern zu sehen war.
»Ja«, brummte Patrick.
Ronny setzte sich auf und schaltete die Leselampe über dem Bett ein. »Glaubst du mir?«, fragte er.
Patrick drehte sich herum und sah ihn nachdenklich an. »Ich weiß nicht«, antwortete er ehrlich. »Eigentlich schon. Aber ich weiß einfach nicht, warum Sebastian so etwas tun sollte. Er müsste einen Mordshass auf dich haben, um so einen Plan auszuhecken. Aber warum sollte er dich hassen? Das verstehe ich einfach nicht.«
»Ich auch nicht.« Ronny ließ die Schultern sinken.
»Vielleicht wegen Jenny?«, überlegte Patrick. »Ich glaube, er war mal in sie verknallt.«
»Quatsch, ich hab doch vorher telefoniert, bevor ich in den Klubraum gekommen bin.«
»Ach ja, stimmt.«
»Vielleicht ...«, setzte Ronny zu einer neuen Erklärung an.

»Ja?«, fragte Patrick, als er nicht weitersprach.

»Nein, das ist Blödsinn.« Für einen Augenblick hatte Ronny an die allererste Begegnung mit Sebastian am Tag der offenen Tür gedacht. Er hatte miese Laune gehabt und abfällige Sprüche gekloppt. Aber – das konnte doch nicht der Grund sein?!

»Bitte, Patrick, glaub mir!«, flehte Ronny. »Ich hab die Telefonkarte wirklich nicht geklaut. Sebastian hat sie mir freiwillig gegeben. Es war genau so, wie ich es ge-

sagt habe! Wann hätte ich sie denn klauen sollen? Wir waren doch die ganze Zeit zusammen!«

»Nicht die ganze«, sagte Patrick zögernd. »Das ist es ja eben. Als ich zum Essen gegangen bin, bist du noch hier geblieben und hast dir das Gewitter angesehen. Du bist erst mindestens zehn Minuten nach mir in die Mensa gekommen. Das ist Zeit genug, um die Karte zu stehlen.«

»Aber Mann, verdammt, du musst mir einfach glauben«, flüsterte Ronny mit Tränen in den Augen.

»Das will ich ja auch«, herrschte Patrick ihn an. »Aber ich kann nicht. Ich kenne dich doch erst seit ein paar Tagen. Woher soll ich wissen, ob du nicht doch ein Dieb und auch noch ein Lügner bist? Mit solchen Typen will ich nichts zu tun haben. – So, und jetzt lass mich schlafen! Wir reden morgen weiter.«

Er drehte Ronny den Rücken zu und zog sich die Decke über den Kopf.

»Bitte«, schniefte Ronny, doch Patrick reagierte nicht mehr.

Ronny ließ den Kopf hängen und weinte stumm. ›Wir reden morgen weiter.‹ Na toll. Dasselbe hatte Frau Runge auch gesagt und allen Beteiligten das Versprechen abgenommen Stillschweigen zu bewahren, bis der Vorfall endgültig geklärt war. Worauf wartete die denn noch?! Das Urteil hatte sie doch schon längst gefällt: Schuldig!

Langsam ließ Ronny sich auf das Kissen sinken und fühlte sich so einsam und verlassen wie noch nie in seinem Leben.

Er war müde, unendlich müde. Doch er fand keine Ruhe. Als Patrick auch noch leise zu schnarchen begann, hatte er die Nase voll. Ich hau ab!, dachte er und sprang aus dem Bett. Leise vor sich hin schimpfend zog er sich an, steckte seine Geldbörse ein und öffnete lautlos die Tür.

Auf dem Gang war alles ruhig. Auf Zehenspitzen schlich er zum Treppenhaus. Doch nach wenigen Schritten fiel ihm ein, dass dieser Weg ihn direkt in die Arme von Herrn Hartmann führte.

»Noch so ein Arschloch«, schimpfte Ronny leise. »Der kann mich auch nicht leiden. Niemand hier kann mich leiden. Na gut, hau ich eben ab. Die werden froh sein, wenn sie mich los sind!«

Er machte kehrt und ging zu dem kleinen Treppenhaus auf der anderen Seite des langen Gangs. Die Tür quietschte ein wenig in den Angeln. Ronny öffnete sie nur so weit, dass er gerade eben durchschlüpfen konnte, ließ sie leise wieder ins Schloss fallen und lauschte. Niemand rührte sich.

»Typisch«, murmelte er, »die merken noch nicht einmal, dass ich abhaue. Wahrscheinlich trauen sie mir das nicht zu. Aber die werden sich wundern!«

Entschlossen marschierte er die Treppen hinunter. Im Erdgeschoss blieb er kurz stehen und richtete den Stinkefinger auf die geschlossene Tür, die zur Empfangshalle führte, in der Herr Hartmann nichts ahnend hinter seinem Tresen saß und vermutlich Zeitung las.

»›An mir kommt niemand vorbei?‹ Ha!«, flüsterte Ronny und setzte den Weg in den Keller fort.

Ronnys Plan, aus dem Internatsgebäude abzuhauen, war simpel: Er wollte einfach durch den Klubraum spazieren, das Fenster öffnen und in die Freiheit klettern.
Er hatte Glück. Die erste Tür, die vom Treppenhaus zu den verschiedenen Räumen im Keller führte, war offen. Triumphierend legte er seine Hand auf die Klinke der Klubraumtür. Doch die ließ sich nicht öffnen, ebenso wenig wie die Tür zu den Tischtennis-, Video- oder Bastelräumen. Seine letzte Chance war die Bibliothek.
Ronny verzichtete darauf, das Licht anzuschalten, um nicht auf sich aufmerksam zu machen, und tastete sich vorsichtig an der Wand entlang durch den dunklen Gang. Endlich erreichte er die Tür. Mit klopfendem Herzen drückte er die Klinke – die Tür ließ sich lautlos öffnen. Er musste die Lippen zusammenpressen, um nicht vor Freude laut zu jubeln.
Das Fenster unterhalb der Decke war leicht zu finden. Der helle Schein der Lampe direkt vor dem Haus, die den Internatseingang beleuchtete, zeigte ihm den Weg. Ronny schob einen Stuhl vor das Fenster, stieg hinauf, öffnete es und zwängte sich hinaus in die Nacht.
Er hastete am Internatsgebäude entlang, um aus dem verräterischen Schein der Laterne zu kommen, bog um die Ecke, lehnte sich gegen die Wand und atmete tief durch. Der erste Schritt war geschafft.
Doch wie sah der zweite Schritt aus?! Ronny hatte keine Ahnung. Er blickte sich um, doch er sah so gut wie nichts. Plötzlich wurde der Regen wieder stärker.
Am besten ist, ich gehe erst einmal zur Höhle, beschloss

Ronny. Dort bin ich einigermaßen geschützt und kann in Ruhe nachdenken.

Schritt für Schritt tastete er sich auf dem Weg zum See vorwärts und es dauerte einige Minuten, bevor er den Strand erreicht hatte. Er kniete sich hin und hielt seine Hand ins Wasser.

Gar nicht so kalt, stellte er fest. Trotzdem gab er den Plan, die Höhle schwimmend zu erreichen, wieder auf. Er hatte einfach keine Idee, wie er seine Kleidung trocken dorthin bringen sollte.

Also über Land, quer durch die Botanik, dachte Ronny und ging entschlossen auf dem Weg wieder zurück. Mittlerweile hatten sich seine Augen ein wenig an die Dunkelheit der Nacht gewöhnt und er konnte immerhin Umrisse erkennen. Mit etwas Glück fand er auf Anhieb die Stelle, an der er den Weg verlassen musste, und schlug sich in die Büsche.

Zweimal war er den Weg bereits gegangen, doch das war am helllichten Tag gewesen. Sein Erinnerungsvermögen war aber gut ausgeprägt und so fand er, obwohl er fast nichts sah, traumwandlerisch sicher den richtigen Weg. Allerdings war es wesentlich schwieriger, im Dunkeln über die Bäume zu klettern und tief hängenden Ästen auszuweichen. Er brauchte fast eine halbe Stunde, bevor er die beiden umgestürzten Bäume erreichte, die seine Badehose auf dem Gewissen hatten.

Mist, das habe ich glatt vergessen, dachte Ronny. Angestrengt überlegte er, wie er unter den Bäumen durchkriechen sollte, ohne sich schmutzig zu machen. Er wusste, dass er seine gerade erst begonnene Flucht nur erfolgreich fortsetzen konnte, wenn er nicht auffiel. Mit total verdreckten Klamotten hatte er keine Chance, darüber war Ronny sich im Klaren.

Kurz entschlossen begann er sich bis auf die Unterhose auszuziehen, legte das T-Shirt und die Socken auf die Jeans und rollte die Hose zu einem festen Bündel zusammen. Die Schuhe zog er wieder an.

Okay, also los, dachte er. Er ließ sich auf den nassen Erdboden fallen, tastete nach der Kuhle, die er sofort fand, atmete noch einmal tief ein und wieder aus und krabbelte los.

Er kam nur mühsam voran. Die Erde war von den heftigen Regenfällen aufgeweicht, seine Hände fanden keinen Halt. Außerdem war es stockdunkel und anders als am Nachmittag, als ihm das helle Tageslicht auf der anderen Seite der mächtigen Bäume den Weg

gewiesen hatte, konnte er absolut nichts sehen. Zentimeterweise schob er das Kleiderbündel vor und robbte hinterher.
Endlich hatte er es geschafft. Seine Hände waren auf der anderen Seite der Bäume im Freien, das spürte er ganz genau. Er ließ das Bündel los, suchte mit den Händen Halt und bekam einen Ast zu fassen. Ronny packte zu und zog. Sein Körper rutschte über den matschigen Boden. Er kam mit dem Kopf ins Freie und wollte seinen Körper hinterherziehen – doch plötzlich bekam er einen Schlag auf den Rücken und saß fest. Sein Oberkörper war eingeklemmt!
Ganz ruhig bleiben, nahm Ronny sich vor. Er versuchte sich vorsichtig und langsam zu bewegen, doch das war unmöglich. Es ging weder vor noch zurück. Etwas Hartes, Schweres lag auf seinem Rücken und hielt ihn fest.
Ronny spürte, wie Panik in ihm hochstieg. »Hilfe!«, schrie er. »Hilfe! Helft mir doch!«
Er schrie, so laut er konnte. Doch das Atmen fiel ihm von Minute zu Minute schwerer. Der Druck auf seinem Rücken wurde stärker und nahm ihm die Luft.
Ronny verlor das Zeitgefühl. Wie lange lag er bereits eingeklemmt unter den Bäumen? Ein paar Minuten? Eine halbe Stunde?
Irgendetwas in ihm bäumte sich auf. Er tastete nach dem Ast, den er längst losgelassen hatte. Doch jede Bewegung tat höllisch weh. »Hilfe«, stöhnte er nur noch leise und ließ ermattet den Arm sinken.

Plötzlich hörte er Geräusche: Schritte, die sich den Weg durch das Unterholz brachen, und eine Stimme, die nach ihm rief. Sofort waren seine Lebensgeister wieder erweckt.
»Hier bin ich!«, rief er mit der letzten Kraft, die er noch hatte.
»Ronny?«, hörte er die Stimme auf der anderen Seite.
»Hier! Unter den Bäumen! Ich bin eingeklemmt!«
»Ronny! Ich bin's, Patrick!«
Patrick! Dich schickt der Himmel, dachte Ronny und atmete erleichtert auf.

»Was ist passiert?«, rief Patrick.
»Ich weiß nicht. Ich hänge irgendwie fest, ich kann mich überhaupt nicht bewegen.«
»Bist du verletzt?«
»Weiß nicht. Nein, ich glaube nicht«, antwortete Ronny. »Mach schnell, du musst mich hier rausholen!«
»Das schaffe ich nicht alleine. Warte, ich hole Hilfe!«
»He, Patrick! . . . Patrick?!!!«
Keine Antwort. Ronny war wieder allein.
Es dauerte nur wenige Minuten, bis er vom See her ein plätscherndes Geräusch hörte. Doch sie waren ihm vorgekommen wie die Ewigkeit.
»Ronny?!«, rief Patrick. »Ich bin's. Ich hab Herrn Hartmann geholt. Wir kommen mit dem Ruderboot. Gleich holen wir dich da raus!«
Eine Minute später hatten die beiden ihn erreicht. Ronny hörte das schabende Geräusch, als das Ruderboot am Ufer auflief, er hörte die Schritte und sah den Schein einer Taschenlampe, der sich zuckend näherte.
Patrick entdeckte ihn zuerst und stürmte heran.
»Mensch, Ronny, was ist passiert?«
»Ich weiß es doch nicht«, schluchzte er und kniff die Augen zu, weil ihn der Lichtstrahl der Taschenlampe blendete.
»Geh mal zur Seite!«, knurrte Herr Hartmann. Er schob Patrick einfach aus dem Weg, ging in die Knie und leuchtete an Ronny vorbei in das Dunkel unter den Bäumen.
»Aha«, sagte er wenige Augenblicke später. »Einer der

beiden Baumstämme ist verrutscht. Wahrscheinlich ist der Erdboden durch den heftigen Regen aufgeweicht, du hast den Baum berührt und . . . na, wie auch immer, auf jeden Fall liegt ein dicker Ast auf deinem Rücken. Aber keine Sorge, das haben wir gleich. – Hier, halt mal und leuchte dahinein!«

Er drückte Patrick die Taschenlampe in die Hand, kroch mit den Beinen voran ein Stück unter die Bäume und stemmte seine Füße gegen die Baumwurzel.

»Wenn ich ›jetzt‹ sage, krabbelst du sofort raus«, sagte er zu Ronny und sah dann Patrick an. »Und du hilfst deinem Freund, verstanden?«

»Ja«, antwortete Ronny.

»Gut. Bist du bereit?«, fragte Herr Hartmann.

»Moment noch«, sagte Patrick. Er leuchtete Ronny mitten ins Gesicht. »Los, jetzt sag die Wahrheit: Hast du die Telefonkarte geklaut oder nicht?«

»Spinnst du?«, fragte Ronny überrascht. »Holt mich endlich hier raus!«

»Sofort«, entgegnete Patrick. »Aber erst will ich wissen, ob du Sebastians Karte geklaut hast.«

»Nein!«, schrie Ronny. »Wie oft soll ich das denn noch sagen?! Sebastian hat sie mir selbst gegeben!«
»Okay.« Patrick nahm den Taschenlampenstrahl wieder aus Ronnys Gesicht und leuchtete in die Dunkelheit unter den Bäumen.
Herr Hartmann presste seine Arme fest auf den Boden, spannte die Beine an und zählte: »Eins . . . zwei . . . jetzt!«

Mit aller Kraft drückte er den dicken Ast ein paar Zentimeter hoch. Ronny spürte, wie der Druck auf seinem Rücken nachließ, und wollte loskrabbeln. Doch der Boden war sehr glitschig, er rutschte weg und kam kaum voran – bis Patrick ihn an den Armen packte und herauszog. Erschöpft blieb Ronny auf dem Erdboden liegen.

Herr Hartmann nahm langsam den Druck von dem Ast und zog seine Beine zurück. Gerade noch rechtzeitig. Das Erdreich gab nach und verschüttete die Stelle, wo Ronny eben noch eingeklemmt gewesen war.

»Junge, das war knapp«, stöhnte der Sicherheitsmann. Er atmete tief durch, nahm eine Zigarettenschachtel aus dem Jackett, das er vor der Rettungsaktion ausgezogen und an einen Ast gehängt hatte, und steckte sich eine an. Während er rauchte, sah er Ronny nachdenklich an.

»Ich verstehe dich nicht«, sagte er schließlich. »Du behauptest, du hättest die Telefonkarte nicht gestohlen. Weißt du, was: Ich glaube dir. Aber ich begreife einfach nicht, warum du weggelaufen bist. Dadurch hast du dich doch erst recht verdächtig gemacht! Hast du darüber überhaupt nachgedacht?«

Ronny senkte den Blick und schüttelte den Kopf. »Ich wollte ja nicht nur deswegen weg, sondern . . .«

»Sondern?«, hakte Herr Hartmann nach.

Ronny holte tief Luft. »Ich weiß nicht«, sagte er seufzend.

»Und du willst ein Spitzensportler werden?« Herr Hartmann schnaubte verächtlich. »Eines weiß ich ganz genau, mein Junge: Wenn du auch weiterhin vor jedem Problem

davonläufst, schaffst du das nie. Dieses Sportinternat gehört zu den besten im ganzen Land. Du wirst hier ausgebildet, unterstützt und gefördert. Aber ob du wirklich ein Profi in deiner Sportart wirst, liegt ganz allein an dir.«
Er nahm noch einen tiefen Zug von der Zigarette, drückte die Kippe im feuchten Erdboden aus und stand auf.
»Es wird Zeit«, sagte er. »Geh dich im See waschen, im Boot liegt ein Handtuch. So können wir dich ja nicht zurückbringen.«
Ronny erhob sich langsam. Nachdenklich ging er zum See. Vor Herrn Hartmann blieb er stehen und hob zögernd seinen Kopf. »Danke«, sagte er leise.
»Schon gut, mein Junge«, murmelte Herr Hartmann und schob Ronny zum Wasser.
Wenige Minuten später ruderte der Sicherheitsmann die beiden Jungs zum Strand und brachte sie zurück ins Internat, wo Frau Dombrowski, die Nachtdienst hatte, bereits im Büro unruhig auf sie wartete.
»Da haben Sie den Ausreißer zurück«, sagte Herr Hartmann und wollte gleich wieder nach unten gehen. Doch in der Tür blieb er noch einmal stehen. »Ach, übrigens: Der Junge ist ganz bestimmt kein Dieb. Ich glaube ihm. Gute Nacht.«
»Gute Nacht. Und vielen Dank!«, rief Frau Dombrowski ihm hinterher.
»Ich glaube Ronny auch«, sagte Patrick.
»Ich habe es wirklich nicht getan«, flüsterte Ronny.
Frau Dombrowski sah ihn an. Lange. Schließlich warf sie einen flüchtigen Blick auf die Uhr. »Es ist bereits

nach drei Uhr. Zeit, ins Bett zu gehen und noch etwas zu schlafen. Morgen früh ist die Nacht zu Ende.«

»Ich habe die Karte nicht gestohlen«, sagte Ronny nachdrücklich.

»Nun mach dir mal keine Sorgen, es wird bestimmt alles wieder gut«, meinte Frau Dombrowski mütterlich und schob Ronny und Patrick aus dem Büro. »So, und jetzt ab mit euch ins Bett! Morgen ist auch noch ein Tag, da wird sich bestimmt alles klären. Gute Nacht.«

»Gute Nacht«, wünschten Ronny und Patrick und gingen auf Zehenspitzen über den Flur zu ihrem Zimmer. Zwei Minuten später lagen sie bereits in ihren Betten.

»Wie hast du mich überhaupt gefunden?«, fragte Ronny.

»Zufall«, antwortete Patrick gähnend. »Ich bin wach geworden und hatte Durst. Ich wollte eine Flasche Wasser vom Balkon holen, da hab ich dich schreien gehört.«

»Und wie bist du aus dem Gebäude rausgekommen?«

»Ich habe einfach Herrn Hartmann berichtet, was ich dir gerade erzählt habe, und er hat mich rausgelassen«, erklärte Patrick. »Als ich zurückkam, um Hilfe zu holen, hat er zuerst Frau Dombrowski informiert und ist dann sofort mitgekommen, ohne eine Frage zu stellen.«

»Ausgerechnet Herr Hartmann«, murmelte Ronny und war Sekunden später erschöpft eingeschlafen.

Am nächsten Morgen wurde er von dem Wecker aus einem tiefen Schlaf gerissen. Hundemüde stand er auf, schlich wie betäubt in den Waschraum. Er duschte abwechselnd heiß und kalt, und langsam wurde er munterer. Vom Unterricht bekam er an diesem Vormittag trotzdem nicht viel mit und hatte Glück, dass er nur selten drangenommen wurde.

Als er von der Schule zurück ins Internat kam, wartete bereits Frau Runge auf ihn.

»Komm rein!«, sagte sie und winkte ihn in ihr Büro.

Ronny folgte ihr und setzte sich auf den Stuhl vor ihrem Schreibtisch.

»Selbstverständlich bin ich darüber informiert, was heute Nacht vorgefallen ist«, stellte die Internatsleiterin klar. »Kannst du mir erklären, was du damit bezweckt hast?«

»Ich . . .«, begann Ronny, doch er wusste nicht, was er sagen sollte. Er hob die Schultern und ließ sie mit einem tiefen Seufzer wieder sinken.

»Dir ist hoffentlich bewusst, dass du dich mit deinem Fluchtversuch erst recht verdächtig gemacht hast?!«

»Ich habe Mist gebaut«, gestand Ronny ein. »Es tut mir Leid. Aber . . .«

»Aber?«, setzte Frau Runge nach.

»Ich war es doch nicht! Ich habe die Telefonkarte nicht gestohlen. Herr Hartmann hat gesagt, dass er mir glaubt, und Patrick . . .«

»Ich weiß«, unterbrach die Internatsleiterin, »Patrick glaubt dir und Frau Dombrowski ebenfalls.«

»Echt?« Ronny war überrascht.

»Echt«, sagte Frau Runge und lächelte. »Ich möchte dir ja auch gern glauben. Aber ich verstehe nicht, warum

Sebastian sich so eine Märchengeschichte ausdenken sollte. Hast du vielleicht eine Erklärung dafür?«

»Na ja«, antwortete Ronny und schilderte in wenigen Worten, wie er Sebastian und Tom am Tag der offenen Tür angepöbelt hatte. »Was glauben Sie«, fragte er zum Schluss, »könnte das der Grund sein?«

»Schon möglich«, sagte Frau Runge nachdenklich. »Sebastian ist zwar meistens ein richtig lieber Kerl, aber manchmal ist er auch furchtbar nachtragend.«

»Wie ein Elefant?«, murmelte Ronny.

»Ja, so ungefähr«, lachte Frau Runge. Doch sofort wurde sie wieder ernst. »Ich habe auch das Gefühl, dass er dich nicht besonders gut leiden kann. Am besten ist, ich knöpfe ihn mir noch einmal vor.«

»Danke«, sagte Ronny. Er stand vom Stuhl auf und wollte hinausgehen – doch zögernd blieb er in der Tür stehen. »War's das jetzt? Ich mein ...«

»Von mir aus – ja«, sagte die Internatsleiterin. »Dass du heute Nacht abhauen wolltest, das war ja wohl nicht ernst gemeint. Am besten ist, wir vergessen die ganze Angelegenheit, okay? Und was den angeblichen Diebstahl betrifft ...« – Frau Runge betrachtete ihn mit einem kritischen Blick –, »so hoffe ich, dass das Gespräch mit Sebastian Licht ins Dunkel bringt. Allerdings neige ich jetzt schon eher dazu, dir zu glauben.«

»Danke«, stöhnte Ronny erleichtert.

Er fühlte sich wie von einer zentnerschweren Last befreit.

»Schon gut«, sagte Frau Runge. »Ich glaube einfach, dass niemand so dumm ist und eine geklaute Telefonkarte in der Hosentasche spazieren trägt. – So, und jetzt ab mit dir!«
Ronny verließ endgültig das Büro und lief zu seinem Zimmer, wo Patrick bereits auf ihn wartete.
»Na, alles klar?«, fragte er. »Warst du schon bei Frau Runge?«
»Ja!«, rief Ronny. »Es ist alles klar, sie glaubt mir auch.«
»Super«, sagte Patrick erfreut. »Dann bleibst du also hier?«
»Ja, natürlich.« Ronny konnte fast selbst schon nicht mehr glauben, dass er noch in der Nacht abhauen wollte. Er stellte seine Schultasche ab und setzte sich auf den Schreibtisch.
»Was glaubst du?«, fragte er seinen Zimmerkumpel. »Schaffen wir beide es? Werden wir Fußballprofis?«
»Ganz bestimmt!«, war Patrick überzeugt. »Aber nur mit Extratraining. Los, komm, wir fangen gleich damit an! Ich zeige dir ein paar Tricks, die der Prinz draufhat. Die üben wir und dann bist du bei unserem ersten Saisonspiel der Spielmacher. Wollen wir wetten?«
»Wetten? Nee, lieber nicht«, wehrte Ronny lachend ab.
Die beiden zogen sich in Windeseile um, schnappten sich den Ball, stürmten aus dem Zimmer und liefen den Flur entlang.
»He, geht ihr kicken?«, rief Pitt ihnen hinterher. »Wartet, ich komme mit!«
»Wie gehen schon nach unten!«, rief Patrick.

»Beeil dich!«, fügte Ronny hinzu.
Die beiden rannten die Treppen hinunter und vertrieben sich die Wartezeit mit Dehnübungen, um die Muskeln zu lockern und sich aufzuwärmen. Viele Übungen schafften sie allerdings nicht. Pitt hatte wahrscheinlich den Weltrekord im Umziehen gebrochen, denn er tauchte bereits wenige Minuten später in der Eingangshalle auf.
»Was ist, ihr lahmen Krücken?! Worauf wartet ihr?«, rief er ihnen entgegen und stürmte aus dem Internatsgebäude.
Allerdings achtete er nicht auf den Weg und wäre beinahe gegen den Reisebus gerannt, der mit zischenden Bremsen vor dem Sportinternat stoppte.
»Die Leichtathleten sind wieder da«, stellte Patrick fest.
Zusammen mit Ronny und Pitt bildete er eine Art einseitiges Spalier, an dem die Sportler, die müde von dem mehrtägigen Länderkampf zurückkehrten, vorbeispazierten.
»He, Natascha!«, rief Pitt, als das Mädchen aus dem Bus ausstieg. »Wie war's?«
»Zweite«, antwortete Natascha einsilbig.
»Super!«, meinte Ronny begeistert.
Doch Natascha winkte nur ab und schlich den anderen hinterher ins Internat.
»Wieso freut die sich denn nicht?«, staunte Ronny. »Mensch, ein zweiter Platz ist doch Klasse!«
»Für dich vielleicht«, sagte Pitt. »Für Natascha ist ein zweiter Platz genauso schlecht wie der Letzte. Bei ihr zählen nur Siege.«

»Genau wie bei uns«, rief Patrick. »Und deshalb hören wir jetzt auf zu labern und fangen endlich an zu trainieren!«

Er schnappte sich den Ball und lief auf den Fußballplatz. Ronny und Pitt folgten ihm.

»Wow, Wahnsinn«, stöhnte Ronny begeistert, als er den liebevoll gepflegten grünen Rasen betrat, der zum Sportinternat gehörte.

Es war wunderbar. Der Boden war nicht zu hart und nicht zu weich, sondern genau richtig. Er schien sogar ein wenig zu federn. Ronny hatte beim Laufen das Gefühl über den Rasen zu schweben.

»Gib ab!«, schrie er über den Platz und wetzte die Außenlinie entlang.

Der Pass von Patrick kam millimetergenau. Ronny nahm den Ball mit dem Außenrist mit, dribbelte ein paar Meter und kickte das Leder zurück zu Patrick. Im Doppelpass überquerten die beiden den ganzen Platz.

»Na los, zurück das Ganze!«, rief Pitt, der sich freiwillig ins Tor begeben hatte. »Zuerst üben wir Schüsse aus vollem Lauf von der Strafraumgrenze.«

»Okay!«, schrie Patrick zurück. Er sah hinüber zu Ronny. »Alles klar?«

»Alles klar!«, antwortete Ronny. »Dem hauen wir die Bälle um die Ohren, dass es nur so knallt!«

»Na, dann zeig mal, was du draufhast!«, rief Patrick und spielte Ronny den Ball zu.

»Worauf du dich verlassen kannst«, murmelte Ronny und spurtete grinsend mit dem Ball am Fuß auf das Tor zu.